堂二百
萬歳壽而

監修者——五味文彦／佐藤信／高埜利彦／宮地正人／吉田伸之

［カバー表写真］
防諜ポスター
（1940〈昭和15〉年ころ）

［カバー裏写真］
徳富蘇峰記念館
（神奈川県二宮町）

［扉写真］
蘇峰の傘寿祝い
（1942〈昭和17〉年）

日本史リブレット 98

徳富蘇峰と大日本言論報国会

Akazawa Shiro
赤澤史朗

目次

知識人の戦争責任

知識人の戦争責任とはなんだろうか。そもそも知識人に独自の戦争責任はあるのだろうか？　責任は自由があって、はじめて生じるものである。この時代の知識人に、はたして自由はあったのか？

自由があったか、なかったのかといえば、戦争の開始や拡大といった大状況の決断についてはないのはもとより、赤紙による軍隊への召集も軍需工場への徴用もとうてい拒否できるものではなかった。しかし身のまわりの小状況では、自由に選択できる余地が残されていたといえよう。ただしその小状況での選択肢の存在も、大状況での戦争という現実をどう理解するかによって、見え方が異なってくるだろう。その時々の軍や政府の情報宣伝に惑わされることなく、日本の戦争に関し批判的視点を持ち続ける意志があれば、戦況も冷静に判断できるし、出征していく友人に対し、「生きて帰ってこい」と伝えることもできただろう。

農業経済史の学者で、古島敏雄《ふるしまとしお》という人がいた。東京帝国大学講師であった彼は、食糧増産の宣伝のため戦争末期の農村を講演してまわらせられたが、講演の最初に、この二～三週間の新聞に掲載された大本営発表の日本軍の戦果をズラズラとならべてみせたという。そうすると敵である米海軍が、膨大な被害を出していることが知られる。そのうえで、艦隊が何ノットで走行するとの計算に立つと、日本軍に撃滅された敵艦隊が、二週間後に到達すると思われる海域にあらわれていることがわかる。そこで日米の生産力格差を示して、この大きな格差があるために撃滅しても撃滅しても、米海軍は新戦力を繰りだすと説明したという。これはどんなに報道される個別の情報が偽の情報であっても、批判力さえあれば、戦況の実態に迫ることができるという実例である。

政治学者丸山眞男《まるやままさお》が召集されて新兵が広場で整列したとき、「高等専門学校▲以上の入学の者は、前に」と命令されて新兵の集団から一歩進んだ者が、ほん

▼**高等専門学校**　戦前には、中学校までが中等教育機関であるのに対し、旧制の高等専門学校以上は高等教育機関として位置づけられていた。高等専門学校は、高等の学術技芸（医学・農業・水産・法律・商業・鉱業・工業・商船その他）を教授する機関であり、第二次世界大戦後は新制大学となった。

の一握りの人数にすぎなかったことを記憶しているという。これら高等教育機関の通過者は、西欧的な知識の視点から日本の戦争を批判的にみる可能性があったが、日本社会では圧倒的に少数者であり、特権者でもあった。その点からいえば、特権には特別の責任がともなわざるをえないのである。

時代の方向性が急変するなかで、かつて戦争前には社会主義的ないし自由主義的知識人であった人びとは、政府を先頭にした西欧文化排撃に強い違和感を感じつつ、「少なくとも表向き」では、小学校教育で叩き込まれた「帝国の忠良な臣民一般」の水準にまで自分を埋没させていく。つまりそういう意味で集団「転向」して国策に協力し、アジア太平洋戦争の時代をやりすごすことになる（丸山、一九九六）。知識人のなかでも日本の戦争とその行く末に、明確な批判的見通しをいだいている抵抗精神の持ち主はごくわずかであった。ただし時流への便乗者として生きるのではなく、むしろ抵抗者の共鳴板となる可能性のあった人びとは、まばらにかもしれないが、広く分布していたともいえる。

戦争が最終的に膨大な犠牲を出して敗戦に決まったとき、知識人を中心に解放感とともに一種のうしろめたさを感じる人が生まれたのは、このゆえである。

解放感は、これまでの政府と軍による思想・表現の自由の抑圧への抵抗感に根ざしており、うしろめたさは、その内心の反発を隠して生き延びてきた「転向」にあった。

アジア太平洋戦争期に指導的な知識人であった人の戦争責任問題は、敗戦直後に具体的に追及されたが、あまり生産的な議論にはならなかった。多くの責任ある者は語らず、追及する側もすねに傷もつ身であることがしばしばであり、いわば罪滅ぼしに民主化運動に没入するというタイプの人もあった。

そして戦時中の指導的知識人が知識人としての資格で、法的・行政的に公の場で戦争責任を追及された事例は少なかった。その数少ない事例が、大日本言論報国会の頂点に立つ徳富蘇峰と鹿子木《かのこぎ》員信《かずのぶ》のA級戦犯容疑者▲としての召喚であり、戦時下の新聞・雑誌の編集者・経営者たちの公職《こうしょく》追放《ついほう》▲であった。

蘇峰徳富猪一郎(一八六三〜一九五七)は、明治初期から第二次世界大戦後まで活動したジャーナリストで、政治評論と近代日本史の歴史叙述の二つの分野の業績で知られている。その生涯は曲折が多く、自由民権運動の伴走者として出発しつつ、民権運動退潮後は地方の中産階級に期待をかけ、日清《にっしん》戦争後は松方《まつかた》

▼**A級戦犯容疑者**　極東国際軍事裁判所憲章第五条a項の「平和に対する罪」(侵略戦争の企画、実行などの罪)の容疑で、逮捕状が出された者をさす。巣鴨拘置所に出頭を命じられたA級戦犯容疑者は一〇〇人を超えたが、実際に起訴されて被告となったのは二八人であった。

▼**公職追放**　GHQの実施した公職追放の公職とは、官職や公務員の職だけでなく、一定の社会的影響力のある地位も含んでいた。具体的には学校長や一定の部数を発行している新聞社の編集長なども含まれるのである。戦時中に超国家主義的・軍国主義的団体(大政翼賛会など)の一定の役職にあった人(市町村長は全員、市町村の大政翼賛会支部長であった)は、上記の公職から追放され、また公職に就けないものとされた。

正義《まさよし》内閣の参事官となって「変節漢」との非難をあびるが、その後は桂太郎《かつらたろう》内閣の支援にまわる。本書は蘇峰の晩年である、アジア太平洋戦争期の活動を扱ったものである。

　敗戦後に行われた知識人の戦争責任の追及は、主としてGHQによる超国家主義者・軍国主義者の公職追放・教職追放という形で実現した。ただし公職追放の場合でみれば、追放者に該当するか否かは、戦時期にどの役職にあったかで、ほとんど自動的に決まるものであった。それはA級戦犯容疑者であるとか、戦時下で職業軍人だったとか(職業軍人は、おおむね軍国主義者とされた)、大政翼《たいせいよく》賛会《さんかい》関係の役職にあったとか、民間の右翼団体の有力役員であったとか、などである。メディアに関していえば敗戦時に特別高等警察▲に勤務していたか、思想統制や検閲を担当した情報局の係官であったか、新聞の全国紙や一県一紙体制下での地方紙、一定部数の雑誌の経営者や編集長だったか、その他、大企業の役員クラスや官庁の高級官僚であったかなどが、追放の基準となった。

　これとは別に、戦後初期には日本人のなかから、知識人や戦時下で戦争宣伝をした大出版社の戦争責任を自主的に追及する動きも生じていた。ただしそう

▼**特別高等警察**　共産主義運動取締りを主目的とする警察組織で、一九一一(明治四十四)年に最初に警視庁に設置された。一九二八(昭和三)年の三・一五事件後に、全国に設置され猛威をふるった。一九四五(昭和二十)年十月、GHQの命令で解体され、特高警察官は追放された。

いった運動も、中小出版社の利害を背景に、ＧＨＱに対し大出版社幹部の追放をうながし、用紙割当てをカットさせる運動としての性格をもっていた（赤澤、二〇〇七）。つまり客観的には占領軍の超法規的権限に依存した、民間からの協力運動であったともいえよう。

なお占領軍の行動は、必ずしも日本側のこうした運動に左右されたわけではない。アメリカ占領軍は、日本の知識人が日本国民の一員として戦争協力するにとどまった場合は、これを追及しないという立場に立っており、積極的な戦争鼓吹者のみを追放しようとするものだった。その点でいえば江藤淳によって日本国民全体に戦争協力の罪の意識をうえつける政策であると強調され、今日でもその影響がみられるとされた、War Guilt Information Program（戦争罪悪感プログラム）は、ＣＩＥ▲（民間情報教育局）の内部で立案はされたが（江藤、一九八九）、実施には移されなかったと思われる。今日の右派の論客は、なぜかアメリカ占領軍が日本人全体に戦争への罪悪の意識を植えつけようとしたと強調するが、占領軍の政策は指導者責任論の立場で一貫していた。

つまりＧＨＱの姿勢は、日本の知識人の戦争協力責任に関して比較的甘いも

▼CIE　連合国軍総司令部の民事部局の一つで、民間情報教育局をさす。民間情報教育局は、日本の官庁でいえばおおむね文部科学省に対応する部局であったが、日本の出版物の検閲も行っていた。

のであった。多くの知識人の戦争責任は、その政治的・法的な責任を問われることはなかった。たとえば日本文学報国会・少国民文化協会・日本音楽文化協会などの文化統制団体や、大日本婦人会など地域の網羅団体の指導者や役職者は、いずれも戦争責任の追及をまぬがれることになる。日本文学報国会は基本的には文学者の同業組合に類するものとみなされ、事務局長の久米正雄《くめまさお》も追放指定を受けることはなかった。日本文学報国会で企画した斎藤茂吉《さいとうもきち》など歌人による「愛国百人一首」選定といった事業も、国民の一員としての戦争協力にとどまると理解された。また日本音楽文化協会と演奏家協会の会長をつとめた山田《やまだ》耕筰《こうさく》についても、その戦争責任を追及した山根銀次《やまねぎんじ》の論説はあったが、政治的・法的な責任追及を受けることはなかった。兵隊作家火野葦平《ひのあしへい》の公職追放は、あくまで象徴的・例外的な事例であった。

しかし大日本言論報国会だけは、通常の文化統制団体とみなされなかった。大日本言論報国会はGHQによって超国家主義・軍国主義の団体として解散を命じられ、その理事は公職追放令のC項パージ▲となる。市川房枝《いちかわふさえ》▲の公職追放は、大日本言論報国会の理事であったゆえに起きた。大日本言論報国会は、多くの

▼C項パージ　C項パージとは、民政局のメモランダムによって解散団体に指定された超国家主義・軍国主義的団体の幹部役員の公職追放を意味する。個別の文化人（火野葦平）や新聞の編集者・経営者などの追放がG項パージだったのより、いわば「罪が重い」。

▼市川房枝　一八九三〜一九八一。一九二一（大正十）年婦人参政権獲得期成同盟会を組織し、婦人参政権獲得運動を開始する。しかしこの婦選運動は戦時下において困難な情勢となり、市川も大政翼賛会下で国策協力の方向を明らかにした。第二次世界大戦後は、婦人有権者同盟をつくり、公明選挙運動などを行った。

知識人を抑圧した一種の思想的暴力団としての扱いを受けたといえよう。

その大日本言論報国会の会長職に選ばれたのが、徳富蘇峰であった。本書は、徳富蘇峰と大日本言論報国会幹部のアジア太平洋戦争期の言動を追跡し、その戦争責任問題について改めて考えようとするものである。

なお引用文中には、今日不適切な表現とみられるものがあるが、書かれたときの時代性を考慮して、そのまま引用した場合もある。また、旧漢字・旧かなの表記は、新漢字・新かなの表記に変え、難読の文章の一部は現代語訳した。

①―十五年戦争期の徳富蘇峰

論壇の大御所

一九四五(昭和二十)年十二月二日、徳富蘇峰はA級戦犯容疑者としての逮捕が通告され、国際検察局から巣鴨《すがも》拘置所への出頭を命じられる。しかしこのころの蘇峰は高齢で座骨神経痛などに悩まされており、自宅軟禁状態で許されることになった。この措置によって、蘇峰は国際検察局の訊問をまぬがれることになり、蘇峰にかわって代表的イデオローグとして東京裁判▲で訴追されたのは、大川周明《おおかわしゅうめい》となった。その後蘇峰は、公職追放処分となる。

A級戦犯容疑者としての指名は、蘇峰が戦争中、政府の御用思想家であったとの社会的評価を確定することになり、蘇峰は第二次世界大戦後は総じて不遇のうちに生涯を終える。そのためか戦中・戦後の徳富蘇峰研究は長いあいだ行われず、その若い時代の平民《へいみん》主義を唱えた時期までの研究が中心となった。しかし二十一世紀に入って国家主義への関心が高まるなかで、日露《にちろ》戦争後のその対米観の変化に注目した米原謙(二〇〇三)、澤田次郎(二〇一三)などの注目すべ

▼**東京裁判**　日本の戦争指導者の責任を追及して裁いた、極東国際軍事裁判(一九四六〈昭和二十一〉年五月三日〜四八〈同二十三〉年十一月二日)の略称。判事は連合国一一カ国から選ばれ、被告は二八人で死刑七人であった。法廷の場となった市ケ谷《いちがや》の旧陸軍士官学校講堂は、現在防衛省の市ケ谷記念館として士官学校講堂の姿が復元されている。

●——徳富蘇峰(一九四二〈昭和十七〉年、東京日日新聞社社賓室にて)

▼『徳富蘇峰終戦後日記』　敗戦後、約二年間書かれた徳富蘇峰の日記であるが、彼が注目して切り取った新聞の政治・社会記事を貼りつけ、それを論評する形の叙述となっている。蘇峰は各文章に表題をつけており、日記とはいいながら、毎日の生活記録が記されて

き研究も生まれる。さらに二〇〇六～〇七(平成十八～十九)年にかけて、蘇峰の戦後初期約二年間の日記である『徳富蘇峰終戦後日記——「頑蘇夢物語」』▲四冊が刊行される。百敗院《ひゃくはいいん》泡沫《ほうまつ》頑蘇《がんそ》居士《こじ》とみずからの戒名をつけて葬儀まで行い、他方で昭和天皇の敗戦責任を追及する文章が載ったこの日記の公刊によって、ナショナリストのあいだでの蘇峰の人気はふたたび高まることとなった。

　なお徳富蘇峰にとって十五年戦争期は、長い彼の生涯のなかでももっともその社会的地位・名声が高い時代となった。この時代の蘇峰は、しだいに新聞界・論壇の大御所《おおごしょ》といった地位に上り詰めるが、このことは彼自身にとっても意外な結果だったようにみえる。蘇峰は一九二九(昭和四)年に、彼の本拠地であり根城である国民新聞社からの退社を余儀なくされ、その後わずかに彼を拾ってくれた東京日日新聞社・大阪毎日新聞社では、両紙に「近世日本国民史」をときどき連載するなどの約束を含む「社賓《しゃひん》」という曖昧な地位にあった。すでにこのころの蘇峰には、残された日本近世史の「修史」の仕事をライフワークと定め、時事論評はひかえるのもやむをえないと断念する姿勢があった。

　ところが、この「社賓」の地位をよりどころに、結果として蘇峰は、『東朝』

『大毎』(のちに『毎日』に統合)に自由に政治評論を書く地位をつかむことになる。これは「社賓」に最初からその約束があったというわけではない。蘇峰のいうには満州事変《まんしゅうじへん》以来、親軍路線の彼の論説が「読者」の志向に合致し、当初は距離のあった東日・大毎新聞社の側が「時間が段々進むに従い、社の方からむしろ進んで」、蘇峰の論説を求めるようになったという。その一七年間のうちに、東日・大毎の「社論の大方針は、悉く予の意見と一致し来」るようになったのである。この政治評論と講演によって、蘇峰はみずから認めるところによると、「国家の運命」と「日本自身に及ぼした影響」の点では、これまでにない大きな力を発揮したということであった(Ⅰ「九、毎日新聞引退完了」、Ⅲ「一二三七、戦時中毎日社賓たる予の立場」)。ただしそれは蘇峰が、彼の煽り立てた戦争の結末を、予見していたことを意味するものではなかった。

　日中全面戦争期に公刊された『昭和国民読本』は、発売三カ月で五〇万部を突破し、東条英機《とうじょうひでき》政権下において「政府中枢」の人からの「懇《ねんごろ》なる依頼」を受けて書かれたという『必勝国民読本』▲(斉藤忠《ただし》「書評」『読売報知』一九四四年二月十八日)は、用紙統制の厳しいこの時期に七〇万部を超えたという(Ⅲ「一二三八、大東亜戦争と

いるわけではない。講談社刊。本書では出典情報として、「終戦後日記」の第何冊目か(Ⅱなど)、通し番号、テーマを記す形とした。なお初巻には巻数がついていないが、ここではⅠと表記した。

▼『必勝国民読本』　この本はおもに、勝利のためには国民は心がけを改めよと説いた本である。しかしこのなかではルーズベルト米大統領はけなし倒されているのに対し、チャーチル英首相は絶賛されている。チャーチルは貴族の出身ながら、士官学校を出てボーア戦争に従軍し、捕虜となるが脱走し、第一次世界大戦期には海軍大臣として海軍軍令部長と喧嘩するなど、信念を貫き自力で運命を打開する、蘇峰好みの人物だとみられていたらしい。

予が必死の努力」)。これらは多くの中間または末端指導層に、正しい「時局認識」を示すものとして広く売れたのである。蘇峰はその反米英的姿勢により、陸軍と結びついて国策をリードし、しだいに論壇の大御所として君臨するようになり、あちこちの右派の政治勢力からかつがれる存在となっていくのである。

政治観の特徴

十五年戦争期の徳富蘇峰の政治観の特徴は、次の四点で整理できる。

第一点は、反共こそ正義という考え方である。コミンテルン▲に指導された各国共産党は、一九三五年のコミンテルン第七回大会以来、中国における抗日民族統一戦線を推進する方針に立っていたが、国民党の蔣介石《しょうかいせき》は第二次国共合《こっきょうがっ》作《さく》▲を承認することによって、抗日民族統一戦線に加わるにいたった。この中国共産党がリードする抗日の動きを撃破することは、日本政府からみると、各列強の共通の利益であり国際正義の立場にほかならない。日本政府にとってコミンテルンの動きを封じ込める防共は、ドイツ・イタリアのみならず、英米などの諸国とも一致できる点と考えられていた。

▼**コミンテルン**　コミュニスト・インターナショナルの略称。ロシアの社会主義革命に成功したロシア・ボルシェビキを中心に各国共産党が設立された。設立された各国の共産党は、世界でただ一つの共産党であるコミンテルンの支部であるとされた。各国共産党には、コミンテルン中央からの指示が出され、援助が行われた。とはいえ、一九三五年のコミンテルン第七回大会では、ロシア以外の共産党指導者が主導権を握ったといわれている。

▼**第二次国共合作**　日中全面戦争期から日本の敗戦(一九三七年九月〜一九四五年八月)まで続いた、中国国民党と中国共産党が内戦を停止し、抗日の立場で連携する動き。中国共産党軍は、国民革命軍第八路《はちろ》軍となった。

しかしこういった考え方は、同じ反共的立場といっても、米英のいだく反共思想と日本の反共主義とでは大きな違いがあったことを見落とすものである。米英のそれは、のちの冷戦型思考につながる論理に立つもので、自由や民主主義を守るために全体主義を排撃するという理論に基づいていた。これに対してその当時の日本政府や徳富蘇峰は、自由主義・個人主義などの米英思想こそが共産主義の温床という考え方に立っており、抗日の中国をリードする共産党も米英の支援を受けて抵抗する国民党も、同根の思想敵そのものであった。

特徴の第二は、一方では冷静に日米和平を望みながら、その底にある日露戦後期以来の根深い反米的傾向であった。日米両国の衝突は、蘇峰によれば、フィリピンなど西に向けて拡張するアメリカと、東アジア諸地域に広く展開することを求める日本との、いわば自然的・必然的結果にほかならないのである。その蘇峰にとっては日本が東洋人・アジア諸民族の指導権をもつことは、当然視されていた。それでも第一次世界大戦のころは、ほんのご挨拶程度であれ日本が「東洋人から敬愛され」る必要を述べているが、やがてアジア諸民族からの日本への視線を意識することもなくなってしまう。日本をアジアの盟主と考え

●—松岡洋右

▼松岡洋右　一八八〇〜一九四六。実家の倒産をきっかけに渡米して苦学し、外交官試験に合格するが、途中で外交官をやめて衆議院議員となる。満州事変ののち、日本全権代表として国際連盟総会に出席し国際連盟を脱退する役割を担う。その後満鉄の総裁となり、第二次近衛《このえ》文麿《ふみまろ》内閣の外務大臣として三国同盟と日ソ中立条約を締結した。A級戦犯として起訴され被告となったが、結核のため判決を待たず巣鴨拘置所で獄死した。

る背景には、根深いアジア蔑視の姿勢があった。

この点で一九三〇年代に蘇峰に共鳴して接近してくる人物には、一方では知米派でありながら、やはり反米的傾向をもつ松岡洋右《まつおかようすけ》▲がいた。蘇峰は松岡洋右とはおたがいに肝胆相照らす仲となる（高野、一九八八）。その反米的傾向は、一九四一（昭和十六）年の対日石油禁輸以降は日米戦争の開戦もやむなしの立場に発展するが、それはもてる国アメリカが世界の富を独占しようとしていると反発する、もたざる国日本の勢力圏拡大の意図に基づいていた。

第三は、かつては普通選挙を主張した立場を撤回し、普選以降の金権政治や帝国議会の「左傾」を理由に、男子普通選挙と政党政治とをともに否認する主張を唱えるようになったことである（徳富、一九四一）。それは国民代表の議会政治中心にという発想をやめて、事実上、軍部を中心とした政治路線を主張するものでもあった。蘇峰は日中全面戦争のころには陸軍が提案した、戸主《こしゅ》だけが選挙権をもつ家長《かちょう》▲選挙制度に賛同し、現行の普通選挙を否認するようになる（『日本評論』一九四一年二月号）。

第四は、皇室中心主義である。日本国民は古来から天皇に対し、公的には君《くん》臣《しん》の上下関係だが、人情では家族の父子関係と同じであり、この考え方は長い歴史のなかでも変わらなかったという。この天皇を政治の中心として真の天皇親政を実現することが、明治以来の官僚支配の矛盾を克服し、国民と天皇が一体となる政治をつくりだすことになるというのが、蘇峰の考え方であった。別の言い方をすれば蘇峰は、天皇の意思と、天皇を政治の中心と認める国民の意思は、必然的に一致するものと思っていたといえよう（I「五三、皇室中心か議会中心か」）。

東条政権下での地位

十五年戦争期のなかでも、政府とそのイデオローグである徳富蘇峰との距離が取り立てて近かった時期が、東条内閣時代であった。それは蘇峰が主張していた即時南進と対米英開戦を実現した内閣こそ東条内閣であったからであり、東条首相も開戦の詔書《しょうしょ》案を事前に蘇峰にみせて、詔書に蘇峰の意見を採り入れて「皇祖皇宗の神霊上に在り」を加えている（中尾、二〇〇二）。蘇峰も東条首相のために、わざわざ「政治家虎の巻とも言うべき書籍一冊を編成し、これを贈

▼**家長選挙制度**　戸主選挙制度。陸軍の一九三六（昭和十一）年の案では、戸主と兵役義務遂行者の男子にのみ選挙権をあたえるという案であり、日本主義に立つ観念右翼の四〇（同十五）年の案は、戸主に選挙権をあたえる案である。閣議決定されるが、議会には上程されなかった。

●―成立時の東条内閣(一九四一〈昭和十六〉年十月) 前列中央が東条首相。

った」という(I「七四、首相東条と予(一一)」)。「書籍一冊を編成し」の意味は、古今東西の書から政治家の心得に関する文章を引用し、編纂したということであろうか。

こうしたなかで蘇峰の大きな役割は、もっぱら朝礼などで訓示する学校・職場・地域の中堅・末端指導者に対して、天皇の詔書の「謹解」を示したり、紀元節などの旗日にその日にちなんだ論説を書いたり、政府の基本方針を解説したりすることにあった。蘇峰によれば米英などへのアジア太平洋戦争の宣戦布告は、わが歴史上でもこれまでにない「一大義事」であるとされ、この戦争は「世界史に極めて稀なる義戦である」といい、もしこの開戦の詔書を読めば日本国民はいうまでもなく、「中立国さへも」、いや「敵国たる米英両国の国民と雖《いえど》も」、日本の戦争が「正義の戦いであることを、否認する事は能《あた》わぬであろう」といっている。なぜならこの戦争は、第一にわが皇国の自存自衛のための戦争であり、第二に東亜一〇億の民族解放のための戦争であり、第三に世界人類二一億の平和のための戦争だからであるという(蘇峰徳富猪一郎「大詔を捧読して」『東日』一九四一年十二月十三〜十五日)。

正義の戦いの第一の理由である皇国の「自存自衛」の戦争という点に関していえば、それは単純に自国の領土を守るという意味での自衛戦争ではなく、自国領土はもとより植民地《しょくみんち》・半植民地に加えて膨大な占領地をかかえた、帝国日本を維持拡大するための戦争を意味していた。それは「自衛」戦争というにはふさわしくない、積極的に他国の領土に攻め込んで始めた戦争であり、更なる大帝国建設のための戦争であった。このころ数多くみられた、日本軍の急速な勝利にともなってアジア太平洋地域の地図を前に、日本軍が陥落させた都市や島々に日の丸の旗をつける国民学校▲学童の行動には、素朴な領土拡大の欲望が反映していた。逆に日本の軍事侵略準備（南部仏印進駐▲）に対して経済制裁で応えた米英などの対応策は、今日の国連決議の経済制裁と同じ性質のものであったといえよう。

第二のアジア人の解放戦争、第三の世界人類のための戦争という点は、開戦の詔書には明確に記されていなかった事項である（中尾、二〇〇二）。しかし蘇峰は、戦争が一〇〇年間続くこともありえるという観測を述べ、「大東亜戦争は、極めて永続性のものだ」と断定している（「百年戦争」『東日』一九四二年六月二

▼国民学校　一九四一年四月に発足した初等教育機関であり、教育の戦時体制を象徴するものであった。そこでは明治以来の小学校教育の特徴である、知識の詰込み主義や立身出世主義が否定されて、体育や国体思想の注入を重視した「少国民」としての「錬成」があらたに教育目標とされた。

▼南部仏印進駐　日本軍によるフランス領インドシナ南部への進駐（一九四一年七月）のこと。南進を計画していた日本軍が、イギリス領・オランダ領の武力攻撃のために飛行場・港湾設備を確保するのがねらいであり、それ自体が軍事目的であった。日本の暗号電文を解読していたアメリカでは、日本の企図を察知し、イギリス・オランダを誘って対日石油全面禁輸の挙に出る。

●—清沢洌

▼清沢洌　一八九〇〜一九四五。自由主義ジャーナリストで外交史家。一九四二(昭和十七)年十二月から書かれた日記は、戦後『暗黒日記』の名で出版されたが、戦争とそれに同調する知識人や、逆に軍部に批判的な知識人たちの記録でもある。一九四五(昭和二十)年五月二十一日死去。

日夕)。これは蘇峰が、この戦争をけっして簡単に勝つことができない、いわば終らない戦争とみており、その分だけ長期にわたって国民の緊張を強いる方策を選んだことを示している。

このアジア太平洋戦争期に徳富蘇峰が執筆した新聞掲載論説や談話の切抜きを保存して、意識的に戦後における戦争責任追及の準備を行っていたのが、自由主義ジャーナリストの清沢洌《きよさわきよし》▲であった。清沢には、大日本言論報国会の結成時に自分への会員勧誘がなく、排除されたことをいきどおっていたが、これとは別に対米英開戦を誘導した民間ジャーナリストの戦争責任の追及について考えていた。清沢の『暗黒日記』中での蘇峰の評価は、「戦争を勃発させるのに最も力のあった徳富猪一郎」(一九四二年十二月九日、以下、日記の日付のみを記す)に始まり、「このところ徳富時代である。この曲学《きょくがく》阿世《あせい》の徒！　この人が日本を謬《あやま》ったこと最も大なり」(一九四三年六月三日)、「馬鹿か便乗主義者」(一九四三年六月十九日)、「東条」の「太鼓持ち」(一九四三年十月十九日)、「蘇峰は完全に陸軍のお雇い記者である」(一九四四年六月二十一日)といった厳しいものであった。清沢は蘇峰以外の人物については、『暗黒日記』中のそれぞれ一〜二カ所でその

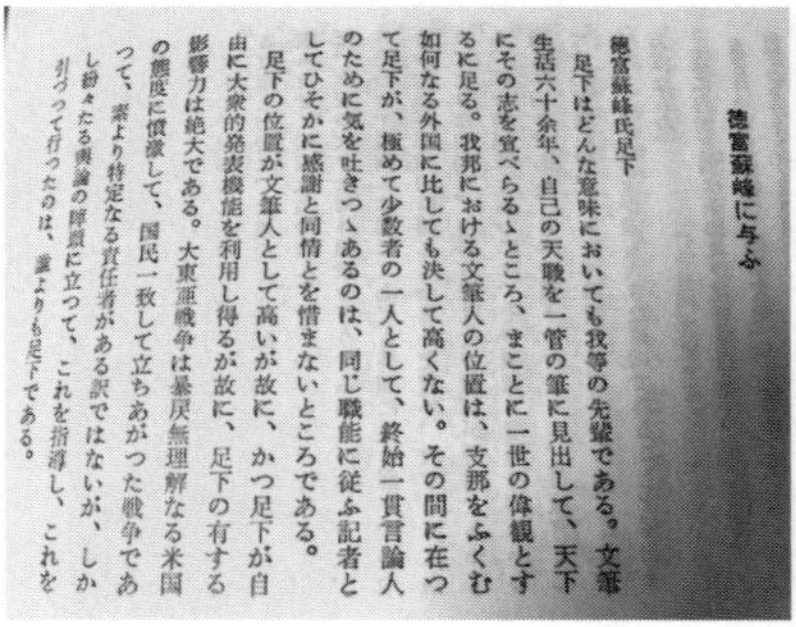

徳富蘇峰に与ふ

徳富蘇峰氏足下

足下はどんな意味においても我等の先輩である。文筆生活六十余年、自己の天職を一管の筆に見出して、天下にその志を宣べらるゝところ、まことに一世の偉観とするに足る。我邦における文筆人の位置は、支那をふくむ如何なる外国に比しても決して高くない。その間に在つて足下が、極めて少数者の一人として、終始一貫言論人のために気を吐きつゝあるのは、同じ職能に従ふ記者としてひそかに感謝と同情とを惜まないところである。

足下の位置が文筆人として高いが故に、かつ足下が自由に大衆的発表機能を利用し得るが故に、足下の有する影響力は絶大である。大東亜戦争は暴戻無理解なる米国の態度に憤激して、国民一致して立ちあがつた戦争であつて、素より特定なる責任者がある訳ではないが、しかし紛々たる輿論の陣頭に立つて、これを指導し、これを引づつて行つたのは、誰よりも足下である。

●――清沢冽『暗黒日記』(復初文庫、評論社) 表紙と「徳富蘇峰に与ふ」冒頭。

戦争責任に言及しているにすぎないのに、蘇峰への言及は実に三五カ所におよんでいた。

その清沢は、蘇峰のアメリカとの戦争の予測が甘いことを指摘している。蘇峰の理解では、アメリカにはもともと「戦争目的がない」うえ、アメリカがデモクラシーの国であるため、長期戦となれば国民生活への圧迫から、アメリカ的生活様式に執着する米国民の戦争への不平不満が沸き起こって戦争を続けられないので、短期決戦を望んでいるにちがいない、これに対し日本は長期戦になればなるほど不敗の態勢をしいて、勝利の公算が強くなると考えていたのである(「徳富・本多両翁対談②」『毎日』一九四三年十月二十日)。アメリカの戦争目的がルーズベルトのいう「ファシズムの哲学」の破壊にある意味を理解できず、そのうえアメリカと日本の彼我の生産力格差と兵器生産の実態を知らない、思込みの予測に基づくものであった。「ファシズムの哲学」の破壊とは、ファシズム諸国に徹底的に勝利して、その民主主義的国家改造をめざし、ふたたび世界の脅威になることを防ぐ、という意味である。

その蘇峰もさすがに敗戦の年の一九四五(昭和二十)年になると、アメリカの

●―石橋湛山

戦争は「贅沢《ぜいたく》きわまるもので」、「マーシャル作戦だけでざっと二百四、五十億円を投じている」が、この卓越した工業力を計画的に動員して、火器を大量使用した攻勢作戦を展開するのが、アメリカの作戦計画の特徴だと認識するようになる。そしてアメリカでは「戦争をスポーツと同一視している」が、これはけっして戦争を軽んじているのではなく、「負けた屈辱は必ず雪《すす》ぐといふのがスポーツの本意」だと悟るようになる（「呑敵の気魄（下）」『毎日』一九四四年九月五日）。しかしすでに時は遅かったといわねばならない。

そして清沢は、石橋湛山《いしばしたんざん》から、空襲でもう用紙ももらえないから、大胆に書こうではないかと告げられ、一九四五年三月七日「徳富蘇峰に与う」を『東洋経済新報』の「社論」として書いた。蘇峰がみずからの戦争鼓吹《こすい》の責任を理解せず、国民や政府の責任をせめることを批判したものだった。清沢のこの文章は戦時下で蘇峰を批判した唯一の論説であったはずだが（橋川文三編集・解説、一九八〇）、未刊のままその清沢は五月に逝去したのであった。

さて緒戦の勝利による東条人気に乗じて、東条首相は衆議院を東条内閣与党中心のものとすべく、事実上の政府推薦の候補者を当選させる翼賛選挙を企てる。たとえ戦時下でも、政府が推薦する立候補者への投票をうながし、非推薦の候補者に警察による選挙干渉を行うことは、憲法と選挙法に抵触するものであった。しかし政府では、政府のダミーとして翼賛政治体制確立協議会なる団体を立ち上げる。これは政府機関である情報局が各界代表三三人を選定し、この翼賛政治体制確立協議会がいわば政府にかわって推薦する候補者を公表し、国民にその推薦候補への投票をうながす仕組みであった。この三三人の委員のなかに、徳富蘇峰もいたのである(『朝日』一九四二年二月二十一日夕)。蘇峰は総選挙直前にラジオ放送▲で有権者に呼びかけ、選挙は国民の「権利でなく」「義務である」、日本はもともと天皇親政の国であって、議会はそれを「協賛」するにすぎない、と説いた(『読売』一九四二年四月二十九日)。候補者には自主的に立候補した非推薦候補も多かったが、警察の非推薦候補に対する選挙干渉もあり、選挙結果は推薦候補側の圧勝であった。

　徳富蘇峰は新聞社の統制団体である日本新聞会の会長となる。日本新聞会は、東京五紙と大阪四紙、その他は一県一紙という新聞統合を進めた団体であった。このとき、日本新聞会のすべての記者はその規定によって、新聞記者の資格と

▼**ラジオ放送の講演**　「徳富蘇峰翁放送　一千五百万有権者に告ぐ翼賛選挙十ヶ条　国難に挺身の士を選べ」(『読売』一九四二年四月二十九日)。

して「国体に関する観念」が「明徴」であることを求められることになる（有山、二〇〇四）。さらに徳富蘇峰は一九四二（昭和十七）年七月には日本文学報国会▲会長に、同年十二月には大日本言論報国会会長にも就任したが、これにより文筆に携わる人を登録した三つの文化統制団体の会長職を兼任したことになる。

そのうえで、一九四三（昭和十八）年四月に文化勲章▲が授与されたのである。

しかしこの文化勲章の授与に蘇峰は強い不満の念をいだき、宮中であたえられる授与式には病気を口実に欠席している。蘇峰の理解では、自分に文化勲章は本来「第一回第一号」で授与されるものと信じていた。それは福澤《ふくざわ》諭吉《ゆきち》以降では、自分がもっとも「日本の文化に貢献」した人物だったからである。それが遅れに遅れて第三回第十八号の授与とは、はなはだしい「侮辱」にほかならなかった（I「七四、首相東条と予（一）」）。

なお、アジア太平洋戦争下では徳富蘇峰の名を冠した二つの文化関係の賞が創設されている。一つは徳富蘇峰賞であり、あらかじめテーマを提示して、それへの応募論文のなかから入選作を選定する賞であり、応募論文が増加した第四回目ではじめて准入選二編が選定され、奨励金一〇〇〇円とともに授与され

▼日本文学報国会　アジア太平洋戦争の開戦の直後に、文学者愛国大会が開かれ、その場で文学諸分野を統合した一元的団体の結成が決議された。そして一九四二年六月、日本文学報国会の発会式が行われる。発足当初は小説・短歌などの八部会で構成されており、二回にわたる大東亜文学者大会を開いた。

▼文化勲章　戦前の国家では、勲章は基本的に「官」に属する人物が功績をあげたとき、授与されるものであった。これに対し、民間人を含む科学・学問・芸術の分野での優れた業績をあげた人に対し、授与される新しい勲章が文化勲章であった。一九三七（昭和十二）年二月十一日、文化勲章令が林《はやし》銑《せん》十郎《じゅうろう》内閣のもとで制定され、その年の天皇誕生日に九人の科学者、文学・芸術家、画家などに、第一回の文化勲章が授与された。第二回の授賞は、一九四〇（昭和十五）

年の第二次近衛内閣のときであった。

た。准入賞となった論文を書いたのは、いずれも女学校の現役教員やその経験者で、このときのテーマは「仏教の日本国民性に及ぼした影響」であった(『毎日』一九四四年一月十二日)。

もう一つは蘇峰新聞賞で、新聞記者にあたえられる賞である。第一回の受賞者は、朝日新聞社ベルリン支局長守山義雄《もりやまよしお》で、「その特電は常に光彩を放ち欧州情勢の速報にも正確で、国民の戦意昂揚に資するところがあった」という。とくに「パリ入城記」の一文が「深い感銘を与えた」という(『読売』一九四四年十月十四日)。蘇峰の名を冠した賞の選考は厳しいもので、その受賞が新聞界や民間歴史界のなかで権威あるものとされているのがわかる。

なお、蘇峰の東条英機との結び付きは首相辞職後も続いたようで、敗戦後の九月になって自決を決意した東条から、自分の遺書を書いてくれとメモをつけた依頼文が届き、東条の意図にそってその遺書を代筆して届けたという(I「七四、首相東条と予(一)」)。だが遺書の代筆とは、どんなものだろうか。

②—思想戦と大日本言論報国会の結成

第二次世界大戦は一面からいえば、民主主義対ファシズムのイデオロギーの戦いであった。それをさらに激化させたのが、日本側における思想戦論の登場である。

思想戦論の浮上

思想戦という用語は、陸軍省軍事調査部『思想戦』(一九三四年二月十一日)から公然と使われるようになったという(有山、二〇一三)。しかし、それは連合国の唱える宣伝戦・情報戦・心理戦と呼ばれるものと本質は同じものである。それは戦争の当事国政府が、軍事作戦計画と結びつけて、公然と自国のマス・メディアを駆使して、または秘密のチャンネルの短波放送を流して、敵国の兵士や国民の動揺を誘ったり、中立国の国民や政府に支持を集めたりすることをさしている。

第一次世界大戦では、はじめて総力戦体制が構築される。総力戦とはなによりも経済戦であり、兵器生産と国民生活を支える一国の経済力・技術力が、戦

●——リットン調査団　満鉄線路爆破の現場を調査する一行。

争の勝敗を分けることを意味していた。

また戦争の勝敗は、戦争支持の大衆心理にも依存していた。敵国からの宣伝はデマゴギーではないかと警戒され、逆に真相の一端を示しているのではないかとも疑われる。大衆心理は一筋縄ではとらえられず、一国の人心は他国からの一方的宣伝だけで動くものではなかった。宣伝戦にも制約や条件があって、ひたすら強力な宣伝をしかけても、かえって反発を招く場合もあり効果があがらないのである。これに対して日本の思想戦という考え方には、宣伝とその効果を軍事モデルによって測る点に特徴があり、理解や説得ということを暴力や強制力をともなう形で考えがちであった。

第一次世界大戦の終了後、ドイツの右翼やナチスのあいだで、ドイツは武力戦では英米など連合国に勝っていたのに、思想戦・宣伝戦で連合国に敗れ、国内に敗戦思想が蔓延してこれが本当の敗因となったという伝説ができあがる。これは戦争末期のドイツの実態とは大きく異なるといわれるが、ヒットラーの『わが闘争』にも書かれ、ナチス公認の歴史観となった。このことから、とりわけ日独伊を中心とする枢軸国側では、とかく思想戦・宣伝戦ということを敵に

▼リットン調査団報告書　満州事変の勃発に対し、中国は日本の侵略として国際連盟に提訴し、一九三二年イギリスのリットン卿を委員長とする国際連盟調査団が中国と日本に派遣される。同年十月に公表された報告書では、満州国が中国人の自発的独立運動の結果生まれたものであることを否定するとともに、満州における日本の特殊権益を認め、満州を、日本を中心とした列強による共同管理下におくことを提案した。中華民国政府はこの報告書を承認する決意だったので、もし日本がこれを認めていれば、将来この地に深刻な矛盾を残したかもしれない。

よる謀略・攪乱行為の一種とみる見方が強まっていった。

日本での思想戦論への着目は一九二〇年代から一部にみられたが、本格的には満州事変《まんしゅうじへん》を契機とした、国際連盟での日本の孤立化をきっかけとしていた。このときの日本のなかでは、対日融和的なリットン調査団の報告書▲に対して、協調的姿勢はほとんどみられなかった。日本国内では国際的孤立化の原因が、柳条湖《りゅうじょうこ》事件が関東《かんとう》軍の謀略によることや、日本の頑なな姿勢にあるとはほとんど考えられず、中国国民党をはじめアメリカなどの先進各国におけるデマ宣伝・「謀略宣伝」にこそ孤立化の原因があると考えられた。そのときから日本では、他国に訴える宣伝力が乏しいことが問題として自覚されたのである。

つまりドイツにおいても日本においても、思想戦・宣伝戦は他国による謀略と結びつけて理解される傾向があり、その魔術的な効果が喧伝されるのであった。他方で宣伝戦というと、第一次世界大戦末期の一九一八年に設立された、イギリスの新聞王ノースクリッフ卿を長とする秘密の宣伝機関の活動が重視されている。その宣伝は事実に基づくものであるとともに、そこでは連合各国間で矛盾していた情報宣伝の思想的統一がはかられた。これが連合国が思想戦で優位に立つうえで大きな役割を果たしたという（野村、一九四三）。思想戦・宣伝戦では、英米が一枚上手であるという理解がここから生じてくる。

これに対して、日本側の思想戦の自画像は、日本は昔から「言挙げせぬ国」で「不言実行」の伝統があり、中国やアメリカの宣伝上手に比べ、宣伝が「不得手」であるといったものであった。しかしそれは逆に、日本が道徳的に優れていることを示しているという、自己中心的な理解がそこにはあった（清水、一九四〇）。これでは本格的な対外宣伝に取りかかる意欲が、つねに自己の内側から妨害されることになる。しかし、ともあれその後、政府宣伝の統一という目的から内閣情報部▲が設立されると、国内外での宣伝戦・思想戦が企てられるようになり、それまでの消極的姿勢から画期的な転換があったとされるが、その宣伝は「文字ばかりに頼りすぎて」あまり効果的ではなかったといわれている（栗屋、一九四二）。

しかも問題点として、思想戦論に立脚した内閣情報部の国際情勢認識があった。日本軍は満州事変ののちに、北平《ほくへい》（北京《ペキン》のこと）など中国の伝統的中心地である華北《かほく》に侵略の歩を進める華北分離工作▲を強行する。そのため中国では、満

▼**内閣情報部**　一九三六（昭和十一）年七月、政府の情報・報道・宣伝の統一のため、内閣書記官長を委員長とする内閣情報委員会が設置されたが、これを強化して三七（同十二）年六月に創設されたのが内閣情報部である。内閣情報部は政府の宣伝に関する政策を立案するとともに、各省庁の宣伝を統一する役割を担った。一九四〇（昭和十五）年十二月、これを改組強化して情報局が設置される。

▼**華北分離工作**　華北自治ともいい、華北五省や内蒙地域に「満州国」と同様の「自治政府」を創設して、中華民国政府から分離する政治工作のことをいう。一九三五年の梅津《うめづ》・何応欽《かおうきん》協定や土肥原《どひはら》・秦徳純《しんとくじゅん》協定として顕在化したその動きは、日本の軍事的圧力のもとで行われ、やがては日中全面戦争の原因となった。歴史的には、満州事変と日中全面戦争をつなぐ環であったともいえる。

州事変時とは比較にならない反発が生じ、日本の侵略に激しく抗議する抗日ナショナリズムが高揚する。それは結果として抗日民族統一戦線の結成に結びつくのである。しかし、この中国で思想的な地殻変動のようにして生まれたナショナリズムの勃興について、内閣情報部ではそれをあくまで「コミンテルンの魔手」によるものとして理解していた（内閣情報部、一九三八）。つまり国民政府が第二次国共合作《こっきょうがっさく》に踏み切る「容共政策」をとったのは、共産党の思想謀略に引っかかったものと考え、「支那は赤化の思想戦に敗れた」と、その意味を国際共産党の陰謀によるものとして理解するのである（横溝、一九四〇）。思想戦論はとかく陰謀理論と結びつくものだが、ここでは思想戦論は、中国人が自国のナショナリズムの高揚を経験していることが、いかに画期的なことであったのかを、素直に理解することを阻む理論として機能していた。

ただしこのとき、宣伝論の専門家の小山栄三《こやまえいぞう》▲は、今の中国においては「抗日思想が全民衆に」行き渡り、「親日を説くものがあると漢奸《かんかん》▲として私刑を受け」る状態で、これは中国における「日本の宣伝上の敗北」を示していると専門家らしく批判していた（小山、一九四〇）。小山からすれば、思想戦に敗れたのは中

▼小山栄三　一八九九〜一九八三。一九二九（昭和四）年から東京帝国大学新聞研究室研究員の職にあった社会学者で、戦時期において人口論・新聞学・宣伝論の分野で業績をあげたことで知られている。『戦時宣伝論』（三省堂、一九四二年）などの著作がある。

▼漢奸　中国人の側からみた売国奴。日本の傀儡《かいらい》政権だった満州国政府高官や汪兆銘《おうちょうめい》政権高官は、第二次世界大戦後に漢奸として処刑されることが多かった。逆に中国人・李香蘭《りこうらん》の名で映画スターとして売り出されていた山口淑子《やまぐちよしこ》は、漢奸として捕えられながら日本人であることがわかって、釈放された。

国でなく日本であった。

ともあれ思想戦という合言葉をきっかけにして、商業宣伝・広告の専門家たちや大衆文化の担い手たちが、国家宣伝に動員されるようになる。とはいえ十五年戦争期の日本においては、それは専門家としての技術を利用するもので、その見識を宣伝政策にまで反映させようとするものではなかった。これは思想戦・心理戦の遂行に際し、日本文学・心理学や文化人類学の専門家を動員したアメリカの場合とは異なっていた。

アジア太平洋戦争と国内思想戦論

この時期、思想戦・宣伝戦は国内外の思想戦・宣伝戦というふうに、他国民に対する宣伝と自国民に対する宣伝が並列されていた。しかしもともと思想戦・宣伝戦というときは、対敵宣伝や中立国向け宣伝が中心に考えられていたといってよい。宣伝の手段は国策通信社であり、ラジオであり、新聞や戦地で撒かれるビラを含む各種の紙媒体であり、映画と演劇・紙芝居であった。

ところがアジア太平洋戦争期には、日本主義的なイデオロギーを押し出すのが日本の思想戦の特徴となった。思想戦は、単なる宣伝以上の特別の価値観の注入を意味するものとなっていく。それは最終的には、コミンテルンの共産主義思想はもとより、米英の自由主義・個人主義・民主主義の思想を撃破して、皇道宣布を行うことを意味するようになる。

しかし皇道、すなわち日本の国体や建国神話の優秀性を、他民族・他国民に理解させることは困難であった。そのため思想戦といっても、国体思想の海外向けの発信は事実上小規模にしか行われず、国体思想についてはアジア太平洋戦争の開戦のころからむしろ国内思想戦として、日本国民の思想的統一に重点をおくものが実施されていくことになる(渋谷、一九八九)。

ただし、この種の国内思想戦については、早い時期から疑問が出されていた。「自国民を対象とする宣伝をも思想戦の中に入れ」て考えるのは、「自国民を戦争の対象」として、つまりは敵と考えることであり、「無理」があるというのである(山本、一九三八)。著名なのはアジア太平洋戦争の直前の一九四一(昭和十六)年十一月に、第一回推薦図書をめぐる日本出版文化協会の会議の席上で、陸軍の鈴《すず》木《き》庫三《くらぞう》▲と和《わ》辻哲郎《つじてつろう》▲が論争となり、鈴木は国内にある外国思想を撃つの

▼**鈴木庫三**　一八九四〜一九六四。陸軍士官学校出身の陸軍軍人であり、日本大学夜学部を卒業して東京帝国大学文学部の陸軍派遣学生となり、陸軍省新聞班に属し、その後情報局情報官となって日本出版文化協会の委員ともなる。出版統制に関して陸軍の意向を代表する存在となるが、海軍側と対立し一九四二(昭和十七)年情報局の仕事から離れた。

▼**和辻哲郎**　一八八九〜一九六〇。大正・昭和期の哲学者・倫理学者で、独自の倫理思想史などで知られる。

が国内思想戦であると主張し、和辻が「それは内乱ではないか」と反論したという事件である（西山、一九四六）。和辻が指摘したのは、国内思想戦論が国民の思想的団結を名として、実際上は国民の分断やその一部への敵視や排撃をはかる行為にほかならないとみるものであった。

　とはいえ、こうした国内思想戦論はやがて、米英と戦争を始めているのに、依然として日本人の心のなかに西欧崇拝の心情がある、そこでこの「心の米英を撃滅せよ」というふうに、大衆心理のなかの「米英思想」を駆逐することを目標とするのであった（『週刊朝日』一九四二年五月三日）。これは西欧崇拝的な、または西欧文化に好意的な心情をもつ国民を、非国民扱いするような思想戦である。それは国民に西欧からの情報に接することを危険視させる、心理上の鎖国《さこく》状態をつくりださせるものであった。この自発的に西欧的文化を拒絶する心性をつくることこそが政府のねらいであり、軍と政府による情報操作を自由にさせる基盤であった。そこまでいかなくとも、影響力を増していく日本文化論の影響を受けたのであろうか、戦時期には知識人層が私的に書く日記や手記などでも文体が変化し、時局の進行につれて人びとは古風な和漢混淆文《わかんこんこうぶん》▲を好むよう

▼**和漢混淆文**　軍記物に代表されるような漢文の読下し文から発生した文体であり、歯切れがよくリズミカルな文体である。学徒兵吉田満《よしだみつる》が最初に書いた手記「戦艦大和ノ最期」は、当時の青年知識人層がこの文体を使って自在に書いていたことを示している。

になっていく。

これに限らずこの国内思想戦論では、あらゆる問題の原因を思想問題に帰着させるという手法が駆使されていた。思想戦の勝利の原因は、その人の思想的立場や信念の強さに求められ、逆に敗北の理由は敵の陰謀によるものとして理解された。徳富蘇峰は、「必勝は必勝の信念に基づく」と題して日比谷《ひびや》公会堂で講演したが、「必勝の信念」をいだくことが日本の必勝の要件なのである。蘇峰は敵の米英が「思想戦に巧妙で、とても人間業ではないと思われる程うまくやっている」のに対し、日本人は敵の思想戦のことを忘れ、油断している状態である。日本人は早急にこの危険な状態から脱却しなければならぬ、と説いたのだった(「敵は思想戦の天才」『毎日』一九四三年十月二十五日)。

ただし、この点については、「米英」と蘇峰は一括しているが、軍事作戦に付随する情報宣伝でも、イギリスの対敵宣伝とアメリカのそれとではかなり異なっているともいわれている。イギリスの対敵宣伝は戦況報道を中心に淡々と述べ、敵をあからさまに馬鹿にすることなく、敵の兵士に発問して結論を自発的に考えさせるものであった。これに対しアメリカのそれは、米軍の勝利を誇る

●──**大詔奉戴三国同盟推進大会**（1940〈昭和15〉年10月12日，東京都青山会館にて） 歴史には，point of no return「引き返しの出来ない地点」というものがある。アジア太平洋戦争への突入は，蘇峰が主張していた三国同盟の締結で決まった。この条約締結で，日本はその地点を踏み越えたのである。

●──**米英撃滅国民大会**（1941〈昭和16〉年12月10日，東京都後楽園球場にて）

●―近衛文麿

ところがあり、大量宣伝が特徴であったといわれる。ただしどちらの対敵宣伝も、蘇峰のいうような魔術的な効果をふるうものではなかった(池田、一九八一)。

思想戦論の流行は、アジア太平洋戦争の開戦前後からめだってくる。思想戦を取り上げた月刊雑誌は急速な増加傾向を示していた。一九四一年十～十二月までが月に一〇件前後であったのに対し、四二(昭和十七)年二～七月までには月に二〇件前後となり、とりわけ『現代』(講談社)、『宣伝』、『中央公論』はいずれも七回取り上げていた(朝日新聞中央調査会資料部、一九四二)。思想戦論はアジア太平洋戦争期の新しい話題となるテーマであり、そのタイトルのもとで頭ごなしの国体論や、奇怪な敵・ユダヤの陰謀説が横行することになる。

そしてこの思想戦の遂行を任務として、大日本言論報国会は生まれることになる。

日本評論家協会と言論報国会の源流

日中全面戦争が長期化するなかで、評論家も独自の立場で国策協力し、戦争

▼馬場恒吾　一八七五～一九五六。大正期に『ジャパン・タイムズ』の編集長から『国民新聞』の外報部長・編集局長などを歴任、大正末から自由主義的な評論家とし

協力しなければならないという意見が論壇のなかから生じてくる。その最初の組織が、一九三九(昭和十四)年二月に結成された評論家協会(会長馬場恒吾《ばばつねご》▲、常任委員三木清《みききよし》、事務所は東洋経済新報社内)であった。これを近衛《このえ》新体制の動きにあわせて一九四〇(昭和十五)年十月に二〇〇余人で再結成したのが、日本評論家協会である。この日本評論家協会の特徴の一つは、その組織化の動機が思想弾圧への危機感に根ざしていたことである。幹事である国家社会主義者の津久《つく》井龍雄《いたつお》▲によれば、近い将来、国民思想と国民信仰の統一が問題となって、外来のキリスト教・仏教は否定されるおそれがあり、大学などでも一切の西欧的学問は禁圧されるのではないかという不安感がある(「評論家の新しき任務」『日本評論』一九四〇年十一月号)という。この津久井のいだいた不安感は、のちに大日本言論報国会の結成時にはより現実的な危険となっていく。

日本評論家協会の第二の特徴は、参加者の幅が広かったことである。評論家であればその思想信条のいかんを問わず、この協会の会員とする方針が追求されており、創立大会でのテーブル・スピーチにも「労働雑誌」の茅原崋山《ちはらかざん》やプロレタリア文学の宮本百合子《みやもとゆりこ》などが発言している(「日本評論家協会　創立大会の報

て生きることになる。第二次世界大戦後は、正力松太郎《しょうりきまつたろう》の追放後の読売新聞社長をつとめ、公職追放の合否判定にかかる公職適否審査委員にもなった。

▼津久井龍雄　一九〇一〜八九。高畠素之《たかばたけもとゆき》門下の国家社会主義者で、合法左翼も摘発・検挙されたのちの日中全面戦争期に、右派の立場から政府と軍を論理的に鋭く批判した人物として知られる。大日本言論報国会の常務理事・総務部長となったが、就任半年で辞職した。

●——津久井龍雄

告」『日本学芸新聞』一九四〇年十月十日)。

日本評論家協会では会員に対して、陸軍が提案し閣議決定された有権者を家《か》長《ちょう》に限るという「家長選挙」の是非についてアンケートを実施するとともに、「家長選挙」を「封建的差別観念」を強めるものだとして反対し、選挙権はむしろ拡大する必要はあっても、これを制限すべき根拠は認められないと声明している(『日本評論』一九四一年二月号)。日本評論家協会は、結成の趣意書で「旧来の自由主義、個人主義、民主主義の風を超克して」と記されていたが、その内実はよりリベラルなものであったといえよう。

しかしこの日本評論家協会に一大転機が訪れる。それは、アジア太平洋戦争の開戦にともなう言論翼賛《よくさん》愛国大会の開催であった。一九四二(昭和十七)年一月十日、日本評論家協会では言論翼賛愛国大会を開く。この大会では戦争を「東亜解放の義戦」と位置づけ、「武力戦と併進する思想戦の布陣」をつくることを「日本の文化人に課されたる最も光栄ある使命」と課題設定したのであった。つまり、これからの評論家の役割を、大東亜共栄圏建設のための思想戦機関の建設にみいだしたのであった(「日本評論家協会」『日本学芸新聞』一九四二年一月十

▼**情報局**　内閣情報部を格上げして、一九四〇(昭和十五)年十二月に設置された組織で、企画・宣伝・文化工作・報道・検閲・編集など、政府のメディア統制・宣伝を担当する機関であった。新聞・雑誌の用紙統制では大きな力をふるうが、陸軍・海軍・内務省・外務省・逓信省などの情報宣伝機関の一部を寄せ集めた面があり、それぞれの省庁の力に左右されるところがあった。

▼大日本言論報国会関係綴　星野情報官旧蔵資料で、現在関西大学図書館の所蔵。なお、関西大学図書館影印叢書第十巻〜第十一巻『日本文学報国会・大日本言論報国会設立関係書類』上巻・下巻は、薄い一冊の綴りである「日本文学報国会法人設立許可一件書類」は全文収録しているが、厚い綴りを含む九冊の大日本言論報国会関係綴については、そのうちの五冊から一部資料を選択して掲載しているにとどまっている。この九冊の綴りのタイトルと本書での引用箇所については、巻末の資1〜資9を参照されたい。

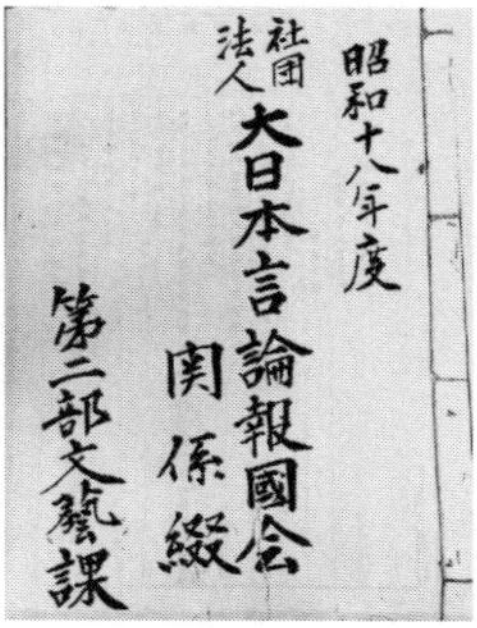

五日)。アジア太平洋戦争の開戦の衝撃によって、日本評論家協会は結成の趣旨を見失い、大きく方向転換したのである。

　大日本言論報国会の設立経過報告とみられる文章によれば、一九四二年七月中旬、日本評論家協会の幹部が情報局▲を訪れ、種々懇談するところがあったという(「大日本言論報国会関係綴」資▲1—①、以下、資料番号を記す)。この日本評論家協会の提案が、大日本思想報国会案である。「評論」という言葉を使わないのは、日本評論家協会の幹事の伊佐《いさ》秀雄《ひでお》によれば、今や個人的な「批判」は不要だからであるという(「思想戦への強力な布陣」『都《みやこ》新聞』一九四二年八月三十日)。これに対して、ちょうど折しも別個のグループが立案した大東亜思想協会案が、情報局宛に提案されていた。このグループは、地域ファシストであった清水芳太《しみずよした》郎《ろう》▲を中心に、東条首相に「即時南進」「対米決意」を進言して、開戦に反対する勢力の打破をめざす南溟会《なんめいかい》から生まれたものであった。そこには、評論家野村重《のむらしげ》臣《おみ》、国際政治評論家斉藤忠《さいとうただし》、東洋大教授斉藤晌《しょう》、日本世紀社同人井沢弘《いざわひろし》、海軍少将匝瑳《そうさ》胤次《たねつぐ》、中野賢次郎《なかのけんじろう》、松崎不二男《まつざきふじお》などが名を連ね、徳富蘇峰が最高顧問にかつがれていた(「十二月八日前後と鬼才・清水芳太郎氏」『言論報国』一九四三年十

▼**清水芳太郎**　一八九九～一九四一。一九二八(昭和三)年に福岡の地方紙で中野正剛《せいごう》が買収した『九州日報』に主筆として赴任するが、三二(同七)年の五・一五事件をきっかけに創生会《そうせいかい》という地域ファシズム団体を創設し、合法的な国家改造運動を展開した。清水は発明家でもあり、清水理化学研究所も設立する。しかし一九四〇(昭和十五)年に清水は東京に転出し、創生会は急速に衰退することになる。アジア太平洋戦争開戦直後に、飛行機の墜落で急逝した。『清水芳太郎全集』全三巻がある。

二月号)。

清水の急逝後にこのメンバーを中心にして、奥村喜和男《おくむらきわお》情報局次長に連絡をとって、少数の同志組織である大東亜思想協会の設立計画がつくられる(資1―②)。大東亜思想協会は、大東亜新秩序建設のための思想研究・調査と思想戦士の錬成と結集を目的とする団体で、第一次世界大戦期のイギリスの宣伝戦の参謀本部として成功したとされる「クウリュウ・ハウスの如き役割」を果たすことをねらっていた。しかし彼らの宣伝論は、イギリスの対敵宣伝が戦況を事実中心に報道するのとはかけ離れたもので、日本主義的なイデオロギーを前面に押し出したものであった。このグループを大東亜思想協会系と呼ぶ。

ともあれ評論家の団体として二つが名乗りをあげてきたことになる。両者ともそのタテマエ上の目的は、大東亜共栄圏建設のための調査研究と国内外での思想戦の中心機関とされ、似た構想であった。しかし大東亜思想協会系のほうが監督官庁の情報局に強いパイプをもっていた。日本評論家協会では定評ある評論家たちを会員として組織していたのに、情報局側では日本評論家協会の動きを否定的に評価し、幹事であった室伏高信《むろふしたかのぶ》と伊佐秀雄の二人を排斥するので

●──「大日本言論報国会」発会式（1943〈昭和18〉年３月，写真は谷萩那華雄《やはぎなかお》陸軍報道部長）

●──大日本言論報国会理事の集合写真（1943年12月25日，熱海晩晴草堂にて。２列目中央が蘇峰）

あった（資1―③）。そのうえで情報局の指示で、新団体は日本世界観に徹したものにするという重大な「申合せ」が決められる（資1―④）。

一九四二年九月二十八日、日本思想界の主なる人びとを網羅した発起人総会が開かれる。その後は一二人の実行委員会によって具体的な組織案を決定していくことになる。その一二人には、日本評論家協会から津久井龍雄、大島豊《おおしまゆたか》、市川房枝《いちかわふさえ》が、大東亜思想協会系のグループから井沢弘、斉藤晌、斉藤忠、中野登美雄《とみお》、野村重臣が、そのほか団体的背景をもたない委員として大熊信行《おおくまのぶゆき》、大《おお》串《ぐし》兎代夫《とよお》、穂積七郎《ほづみしちろう》、山崎靖純《やまざきやすずみ》が含まれていた。

組織の性格

大日本言論報国会は、会員に評論家・思想家・学者・編集者・新聞社論説委員などを網羅し、思想戦の中核的推進力となることを目標としつつ、会員の思想的錬成によって日本世界観を確立するという団体であった。組織方針では、会員は網羅主義で広く集めるが、役員・事務局員・各種委員会の委員に関しては精鋭主義をとる、としていた。

また「言論」という言葉が使われるようになったのは、大熊信行によれば、その実行に責任をもつのが「言論」であって、「間違ってゐたら文字どほり腹を切る」という意味だという。しかしこれには異論もあり、津久井龍雄は「言論と実践とは、常に必ずしも一致しなくてもよい」のであって、言論には「言論独自の世界」の意味があるという。言論と実践の一致のみを強調すると、時に一切の正しい批判的精神が軽視され、低いレベルの実践に言論が結びつくことを讃美するような傾向が生まれると、警告を発していた（「座談会　国体と言論体制」『中央公論』一九四三年十月号）。

だが専務理事で事務局長の鹿子木《かのこぎ》員信《かずのぶ》▲は、機関誌『言論報国』の創刊号で「言論報国」ということの意味を解説している。鹿子木によれば、「言論」は「実践」だけでなく「強制の力」をもともなうもので、それらのない「言《ことば》」は「空言」にすぎない。「真実」の「言《ことば》」とは「常に太刀《たち》佩《お》ぶる言《ことば》である」と述べている（『言論報国』一九四三年九月号）。これは言論報国会でいう思想戦の「言論」とは、単なる言論上の戦いではなく、憲兵《けんぺい》などによる取締り当局の力ずくの思想弾圧も含むことを、示唆したものであった。

▼**鹿子木員信**　一八八四〜一九四九。哲学を日露《にちろ》戦後に京都帝国大学、アメリカ、ドイツに留学して学び、イエーナ大学で博士号を取得し、慶応大学の哲学の教授となりプラトン哲学を講じる。一九二六（昭和元）年九州帝国大学教授となるが、三〇年代には日本主義の立場に変化し、「勤皇《きんのう》まことむすび」の運動に共鳴した。戦後はA級戦犯容疑者として逮捕され、一九四五〜四六（昭和二十〜二十一）年の一年あまりを巣鴨《すがも》拘置所ですごした。

言論報国会の獲得会員数の当初目標は、従来の日本評論家協会の会員が、約三〇〇人だったのを踏襲していた。ただし会員は網羅主義という方針とはほど遠く、津久井の回想によれば、会員の承認には強い思想審査性があり、情報局の役人と三人の常務理事の合議で決め、「なかなかものものしい風景で、ウロンなものは一人も通さぬといった空気だった」という（津久井、一九五八）。こうしたなかで、言論報国会の会員にならなければ、今後、総合雑誌に論文を載せることができないとの噂も流布してくる（大熊信行・津久井龍雄「対談・戦争体験と戦争責任」『日本及び日本人』一九五九年九月号）。

このとき評論家として名を広く知られながら、会員として勧誘されなかった人物には、自由主義的評論家の清沢洌《きよさわきよし》や馬場恒吾だけでなく（清沢、一九八〇）、真下信一《ましたしんいち》、三木清、見田石介《みたせきすけ》、石坂泰三《いしざかたいぞう》、神近市子《かみちかいちこ》、川島武宜《かわしまたけよし》、野依秀市《のよりひでいち》、有《あり》沢広巳《さわひろみ》、古島敏雄《ふるしまとしお》、本庄栄治郎《ほんじょうえいじろう》、森戸辰男《もりとたつお》、笠信太郎《りゅうしんたろう》らがいた（資1―⑤）。また勧誘したが「無返事」の者もおり、田辺元《たなべはじめ》▲のように役員候補者でありながら、自分から入会を断わる人物もいた（資3―①）。ただしのちになると、理事会の議事録をみるかぎりでは、理事の推薦さえあれば、ほとんど自動的に会員とな

▼**田辺元**　一八八五〜一九六二。西田幾多郎《にしだきたろう》とならんで京都帝国大学哲学科の教授として知られ、西田と田辺のもとには大正末から昭和期にかけて三木清、戸坂潤《とさかじゅん》その他の若手の哲学者が参集し、いわゆる「京都学派」が築かれた。著書に、科学論や弁証法の理論の研究がある。

ることが承認されているようだが、それはおもに大東亜思想協会系の理事の推薦であったから簡単にパスしたのかもしれない。新入会員には新聞社・雑誌社勤務の経験者が多く、新聞社では論説委員クラスはもとより記者も含んでいた。つまり言論報国会では、著名な自由主義的とされる評論家の入会を阻止しつつ、従来無名であったマス・メディア関係者の大量入会を進めていくのであった。その結果、会員数は伸び、一九四四(昭和十九)年には一〇〇〇人に近づく。

会員より厳しかったのは、会員選考にさきだって行われた役員の選考であった。実務を担う役員として、事務局の総務部長に津久井龍雄が、企画部長には井沢弘が、調査部長には野村重臣が就任し、この三人が常務理事となる。会長の徳富蘇峰、事務局長で専務理事の鹿子木員信の人事も、情報局の意向を踏まえ内密に決まっていたようであり、事務局の課長人事は、日本評論家協会系列の津久井の意思を聞かずに決定された。課長クラスの人物には雑誌社・新聞社内の右翼が多いようで、総務部長の津久井は、自分の部下である総務課長に、まったく見知らぬ今西丈司が就いた件をかなりいきどおっている(津久井、一九五八)。事務局には課長が四人いて、事務員など二五人を管轄する組織であった(資5—①)。

理事は発足当初に二九人だったのが(資2—①)、のちに一人が辞任して八人が追加され(「理事会議事録」、資3—②)三六人となる。その職業は、評論家が九人に対して広い意味での学者が二〇人と、学者の比率が高くなっている。旧日本評論家協会の役員六三人のなかで(「日本評論家協会の新役員」『日本学芸新聞』一九四一年十月二十五日)、言論報国会の理事に選ばれたのは八人だけであり、これまでの日本評論家協会との断絶がここにもみられよう。

大日本言論報国会への情報局の統制力は、著しく強かった。社団法人大日本言論報国会定款によると、言論報国会の総会の決議は情報局の「認可」がなければ決議の「効力」は無効(第十五条)とされ、会長は情報局総裁の推薦により選ばれ(第十七条)、理事・監事・事務局長・部長の人事はすべて情報局総裁の承認(第二十三条)を必要としていた(資2—②)。つまり情報局は定款で、言論報国会の反抗を許さない統制力を保持していたのである。これは言論、評論といった分野が、政治の領域と直結していたことと関連があるだろう。

情報局内で主管した部局は第五部第三課であり、この部課は一九四三(昭和十八)年四月からは第四部文芸課に、同年十一月からは第二部文芸課と名前を変えるが(内川、一九七五)、課長は一貫して井上司朗《いのうえしろう》▲であった。この情報局の監督は名目だけのものではなく、言論報国会の事務局長と総務部長は「毎日一度は文芸課に顔を出」す慣例となっていた(津久井、一九五八)。言論報国会には政府の「brain(ブレイン)」としての役割があるとされ、言論報国会の定款第四条にも、「必要あるときは政府に意見を具申す」と書かれていて、政府・情報局ではその具申を重く受け止めることを約束していた(資2—①)。帝国議会でもなく、中央・地方の大政翼賛会《たいせいよくさんかい》協力会議でもないのに、政府に意見を具申する権利が、公的に保障されている団体はほかにみられない。その言論報国会の自由な発言が許されるのは、作戦用兵に関わる統帥事項を除く、主として思想問題に関してであったが(谷萩報道部長「偉大な言論出でよ　言論報国会発会式」『毎日』一九四三年三月七日)、言論報国会によればあらゆる問題は思想問題としてとらえられるのであった。

▼**井上司朗**　一九〇三〜九一。奥村喜和男の推薦で、アジア太平洋戦争期に情報局課長として日本文学報国会・日本美術報国会・日本音楽文化協会その他の文化統制団体の統制と指導にあたった。歌人としては逗子八郎《ずしはちろう》の名で活動する。戦後一九四八(昭和二十三)年に公職追放となる。

●―奥村喜和男（左）・蘇峰（中央）と秘書の塩崎（右）（一九四二〈昭和十七〉年）

▼奥村喜和男　逓信省《ていしんしょう》出身の官僚として電力国家管理法案を策定し、企画院では革新官僚を代表する人物となる。その後情報局の次長として、アジア太平洋戦争期の情報統制・宣伝政策を担当。戦後の一九四八〈昭和二十三〉年、公《こう》職追放《しょくついほう》となる。

③―国内思想戦のイデオローグたち

奥村喜和男と戦争目的

大日本言論報国会の創立総会での奥村喜和男《おくむらきわお》▲（一九〇〇〜六九）情報局次長の挨拶は、次のようなものだった。今日の思想戦は、単なる宣伝戦ではなく、「信念の信念に対する闘争」であり「世界観の世界観に対する闘争」となっており、「敵の誤れる世界観」を正すものである。今日一部では「言論が甚だしく圧迫されているやの声をきく」が、むしろ今日くらい言論の自由な時代はないのである。なぜならかつて「商業主義」によって売文業にまで転落した言論は、今や本来の「国論善導」の使命を担うものとなったからである。その理想を離れて言論の普遍的な自由を唱える者は、「米英の思想謀略」に乗せられた者にほかならないのであるという（資3―③）。

この奥村の発言からすると、今日、言論の自由へのはなはだしい抑圧が生じていると感じること自体が、商業主義に立脚し、普遍的な自由を唱える米英の思想謀略に引っかかっているためなのであり、政府の方針にそって国論を善導する者には、これまでにない言論の自由があたえられるだろう、ということである。

ちなみにこの当時、奥村喜和男は「大東亜戦争はどこまでも思想戦である」、自由主義と共産主義思想に対する「皇道宣布の血戦である」といい、この戦争は「長期総力戦」であり、「日本思想の全生命」をかけた一戦だと位置づけていた（「日本世界観は皇道宣布の血戦」『東京』一九四二年九月十九日）。また奥村は、今回の戦争の究極の目的は、大西洋憲章にいう「自由平等の精神」の「全打倒」にあるという。人間はもともと「抽象的な」自由・平等の人間であるのではなく、「先ず君臣であり、父子であり、男女である」のであって、このような人間の本来的な「差別」を認めたうえで、おのおのが「最高の絶対者に帰一する」ことで「人類の真の秩序」はつくられるという意見であった（「『自由原則』打倒の戦ひ」『時局雑誌』一九四二年十月号）。

開戦の詔書《しょうしょ》からは、詔書案の段階にはあった「皇道の大義を中外に宣揚」といった、戦争目的を拡大する抽象的な文言は、内大臣木戸幸一《きどこういち》▲の判断により意識的に削除されていた（中尾、二〇〇二）。ところが奥村が説明した戦争目的は、

▼**木戸幸一**　一八八九～一九七七。一九三〇（昭和五）年牧野伸顕《まきののぶあき》内大臣のもとで内大臣秘書官長となる。第一次近衛内閣で文相、一九四〇（昭和十五）年には内大臣となり、第二次近衛内閣の成立を支えた。第二次近衛内閣が総辞職したとき、後継首相に皇族内閣案を退け、主戦論者の東条英機を推薦した。敗戦にあたってはポツダム宣言受諾論の中心となり、東京裁判ではA級戦犯の一人として起訴され、十五年戦争期の自身の日記を国際検察局に提出した。裁判では終身禁固判決を受け、一九五五（昭和三十）年仮釈放。徳富蘇峰からは、天皇側近の「社鼠城狐《しゃそじょうこ》」（宮《きゅう》中《ちゅう》に住みついたいかがわしい人物）とみられていた。

●—木戸幸一

徳富蘇峰による開戦の詔書の「謹解」の範囲をすらはるかに越えるものであった。もはや戦争目的は、日本を中心とする大東《だいとう》亜《あ》共栄圏《きょうえいけん》という新しい「帝国」の樹立にとどまらず、「皇道宣布」の思想戦それ自体が戦争目的となる。そこでは米英社会の原理である個人の自由平等の原則にかわって、親子・男女・君臣などの身分関係に縛られる人間が、最高の絶対者たる天皇に帰一する秩序を打ち立てることが求められているのである。

しかし、このように「米英の思想謀略」に対決する「皇道宣布」を戦争の目的とするかぎり、米英との戦争は事実上勝利しがたいものとなり、半永久的に続く「長期総力戦」とならざるをえない。そして、ここに蘇峰と奥村にならって、いつまでも終らない戦争のイデオロギーを唱える評論家が中心的なイデオローグとなるのである。以下、大日本言論報国会のイデオローグたち数人を取り上げて紹介するが、一人ひとりをみると彼らにも諸種の傾向が含まれていた。しかし主流となったのは、終らない戦争を唱えて国民に緊張を強いる人たちであった。

野村重臣の変転

大日本言論報国会の最初の四人の常務理事の一人として、調査部長となった大東亜思想協会系の人物に野村重臣《のむらしげおみ》(一九〇一〜五四)がいる。野村重臣は同志《どうし》社《しゃ》大学法学部の出身で、同大学の研究室で民法総則・物権法を専攻し、助手から講師となり、一九三二(昭和七)年助教授に昇進している。同志社出身という点では、野村は蘇峰の後輩にあたる。

野村は「かつて労働運動華やかなりし頃には労働学校の主事をもつとめ」たというが、一九二〇年代末には右傾化して(「我等の同志社」)、民法の日本化を主張したのである。野村によれば「日本人の日常生活」は、現行民法とはまったく異なる「社会規範—義理、人情、習俗—等」によって成り立っているのであり、そのため「日本の大衆」は「法律を嫌悪し、法律の適用を恐怖する」状態である。したがって、この「伝統的道義規範」を基本に現行民法を改訂する必要があると主張し、先輩・同僚の反対を押し切って日本法制史の研究で民法解釈学を再検討しようとするのであった(野村、一九四二)。

日本の民法には、日本社会に現に生きている社会規範と異なる面がある、という指摘には鋭いところがある。しかし野村のそこからの展開は、近代日本社会での実態と変貌をふまえないで、現実にはありそうにないイデオロギー過剰の規範を押しつけるものであった。彼の民法の日本化とは、家の地位を強化して「家産」を規定し婚姻の主体を家とするものであった(野村、一九四四)。野村は法学部内の一部の同僚とともに民法の日本化の研究会を組織し、その成果は野村の「学的啓発」に基づく村井藤十郎《むらいとうじゅうろう》『日本法律学』にあらわれているというが、同書では臣民《しんみん》の権利義務を天皇の統治行為の一部とみなす、極端な国民の権利否定の解釈がみられた(村井、一九四〇)。

野村が同志社大学法学部の体制の転覆をねらって行動を起こすのは、一九三五(昭和十)年の国体明徴《こくたいめいちょう》運動▲をきっかけとしている。彼は「日本国民社会科学の建設と国体の事実」と題する論文を執筆し、『同志社論叢』一九三六(昭和十一)年二月号への掲載を求めたが、それは政府の国体明徴声明を基準に、同僚の林《はやし》要《かなめ》教授らしき人物を「マルキスト」と非難する内容のもので、そもそも学術論文の体裁の文章か否かが疑われるような論文であった。『同志社論叢』の編集委員はその掲載に疑問をいだき、掲載の可否を評議員会にはかり、評議員会は一

▼**国体明徴運動**　大正期以来、大日本帝国憲法の通説的解釈となっていた美濃部達吉《みのべたつきち》の天皇機関説(天皇を国家の最高機関とする説)を、国体に反するものとして排除し、帝国憲法の立憲主義的な解釈を排斥する運動である。陸軍・政友会《せいゆうかい》・右翼団体などがこれに参加したが、陸軍の別働隊である在郷軍人会が大衆動員では突出した力をみせた。政府の二度にわたる国体明徴声明で、天皇機関説は公式に否定された。

一対五で掲載を認めなかった。これに対し野村は、この論文の掲載を認めないのは同志社大学が国体明徴声明を否定する立場にあるからだと攻撃するが、大学当局は野村を、大学教授としての資格を欠いていると認定して野村は解職されるにいたる(林、一九三八)。それからも野村は、同志社大学総長や同僚を「マルキスト」などとして攻撃し、紛争は続くが(野村、一九三六)、彼の解職の決定がくつがえることはなかった。

しかし同志社事件で名をあげたためか、解職から半年もたたないで一九三六年八月には、陸軍省より思想問題の調査を委嘱され、翌三七(昭和十二)年五月には関東軍《かんとう》から満州《まんしゅう》建国大学設立準備会幹事を委嘱され、三八(同十三)年二月には参謀本部嘱託となっている。軍の嘱託でいるあいだに、思想戦の専門家となったようであり、一九四〇(昭和十五)年二月には国民精神総動員本部幹事調査部長となり、同年十月、同本部解散により辞職して著述業となる。一九四一(昭和十六)年十二月に刊行された『近代日本政治社会思想史大系』(野村、一九四二)は、明治以降の日本近代思想史を批判的につづったものというが、事実羅列にとどまり、歴史家としての独自の史実の発掘や解釈はみられない。こう

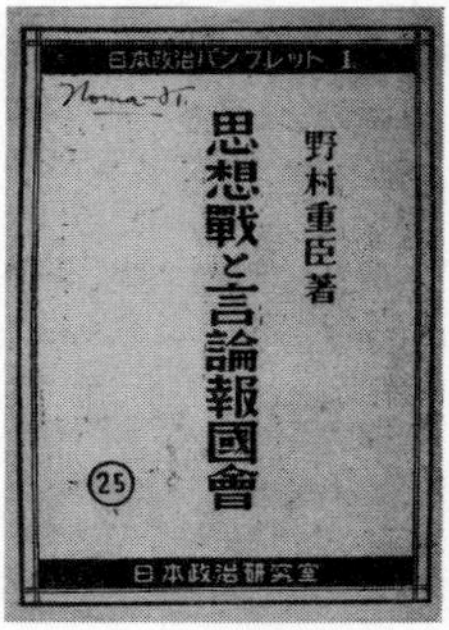

●――野村重臣『思想戦と言論報国会』

したなかで彼は一九四二(昭和十七)年六月、内閣委員として情報局に勤務するようになる(「履歴書」、資2―③)。

その後野村重臣は、『思想戦と言論報国会』と題するパンフレットのなかで、「大東亜戦争」を米英の民主主義、国際主義に対する「皇道開顕の思想聖戦」であると位置づけ、そうである以上、「一億の皇民は先づ皇道の観念を明徴にし、皇道宣布の使徒となり、行者とならなければならない」という。このパンフレットで叙述された日本の近現代史は、すべて米英ソなどからの輸入思想と日本の皇道思想との戦いという単純な図式で説明されるもので、大日本言論報国会は当局=情報局と一体化して「皇道思想戦」を戦い抜く必要があるというものであった。

ここには奥村の説を単純化したイデオロギーはあるが、それと複雑な現実との突合せはない。しかし歴史的現実は、このような単純な論理に都合よくはできあがっていないものである。この野村に代表されるような時流への同調者が、陸軍とも結びついて、大日本言論報国会のなかで重要な地位を占めていたことはまちがいない。

斉藤晌と「植民地奴隷型文化」

斉藤晌《さいとうしょう》（一八九八〜一九八九）は、一九二五（大正十四）年から東洋大学教授となり、スピノザ全集の翻訳を行った哲学者として知られ、三三（昭和八）年の唯物《ゆいぶつ》論《ろん》研究会▲の発足に際し発起人の一人に名を連ねていた人物である。その意味で特殊な領域であるとはいえ、すでに一定の知名度のある人物であった。ただし斉藤は宇和島藩《うわじまはん》の藩校《はんこう》の儒学者《じゅがくしゃ》の家に生まれたことから、漢詩・漢籍などに詳しい面があり（斉藤、一九七九）、それが東洋的世界観を唱える基盤となった。その斉藤は日中全面戦争期から民族史観を探究するようになり、アジア太平洋戦争期には日本文化論を唱えるとともに、大日本言論報国会の理事となり、一九四三〜四四（昭和十八〜十九）年には日本出版会常務理事というメディア統制の機関の実権者としての地位にいた。

斉藤の『日本的世界観』は、骨格となる論理を国体論に依存している点では、他の日本主義的な諸説と同様である。それは、古代から今にいたるまで不変の日本の国体があり、これを奉じて生きている日本民族が存在するという理念に立脚しているが、その点の論証は弱い。しかし本書の特徴は、彼の広い学識に

▼唯物論研究会　必ずしも唯物論者に限らず、唯物論の研究に関心ある哲学研究者を総結集して結成された。だが、警察はその発会式の講演会を解散させ、発起人の著名人などを脅して退会を強要する。その結果、唯物論研究会は唯物論者の集団として、合法左翼の文化団体の一翼を担うこととなる。事務局長は戸坂潤《とさかじゅん》であった。

●——斉藤晌『日本的世界観』

基づいて、戦時下の凡百の日本文化論に対する批判がみられる点にあった。たとえば斉藤晌によれば、早い時期から輸入された仏教は、見知らぬ者にも救いの手を差し伸べる、それまでの日本にはないあらたな救済観をもたらすものであった。こうした信仰によって日本文化は育てられてきたという。また彼は、平安朝《へいあんちょう》の滅びゆく退廃的な美の魅力、儒学・儒教《じゅきょう》の果たした役割などへのコメントで、独自の見解を明らかにしている。ただしこうした日本文化批評は、国体論の枠組みを除外しても成り立つものであった。

斉藤がもっとも注視しているのは、日本における近代西洋文明の輸入のされ方であった。それは「物質文明」として輸入されたのであるが、「物質文明といふものが単に物質的なものと思惟しているところに甚だしい認識不足が潜んでいた」のであるという。西洋にあっては相互の結び付きと「全体的関連性」をもっていた文化・学問は、狭い専門分野ごとにバラバラにされて輸入された結果、最新の技術は輸入されても、それは日本人の創造性を失わせる役割を果たす。そこでは「文化の発生する土壌」は問題とされず、思想も文化もたえず外国起源の流行に追われて動揺し、日本の文化人は文化という側面から征服者に奉仕する植民地《しょくみんち》の奴隷の役割を果たしているという。それらは「植民地奴隷型文化」と称することができる。

もともと新しい文化の創造は、日本の「国民生活の内奥の自覚から出発しなければならない」ものであるのに、明治以降の輸入文化・学問の多くはそうしたものではなかった。このように日本にある西欧文化を、「植民地奴隷型文化」として激烈に排撃する斉藤晌の理論には衝撃力があった。ただし斉藤は、本来の西欧文明には学ぶべき点があるとみており、日本主義者としての彼の背後には、隠れた近代主義者としての顔がみえるようである。

斉藤の「指導原理としての日本文化」(『言論報国』一九四四年一月号)をみると、彼の独得の危機感が感じられてくる。斉藤によれば、明治以降の日本文化は欧米からの輸入に頼っている状態で、表面的にはまったく欧米文化の「贋物《にせもの》」にほかならないという。これでは、大東亜の各民族に対する指導原理とはなりえず、諸民族に訴えかける力はない。

ただし近代日本人のなかにも指導原理たりうる日本文化は実在するのである。それはわれわれの行動のなかにはみられるが、いまだ「意識」化されておらず、

「無意識的な面」においてわれわれの実生活や情操生活を指導してきたものだという。つまり近代日本人は「二重生活に陥り、本来の情熱を喪失している」状況にある、そこで、この貴重な無意識面の価値観を「意識化」すれば、われわれは伝統に根ざした指導力を発揮できる、というのが、斉藤の結論であった。「日本人にはその情熱といふものが切断されている」、「われわれは一体生きているのか死んでいるのか」わからない状況にある。しかしその隠されている指導原理としての日本文化を掘り起こすことができるなら、必ずや「無尽蔵の歴史的伝統の源泉」に辿り着き、東亜の諸民族にも訴える力が生まれるというのである。

とはいえ斉藤のいうように、たとえ「無意識」の面が自覚されたとしても、そこには指導原理というほどのものが隠されていたのか、という疑問がわく。たとえば日本のインドネシア支配で、よくも悪しくも現地住民に強い印象をあたえたのは、粗野な日本の軍隊文化であった。日本軍の兵士は現地の住民を「バカヤロー」と怒鳴って顔を殴ることが常習化していて、それが他民族の人びとの人格を傷つけることを自覚していなかった。しかしインドネシア国軍の源流

●──ペタの訓練のようす（“*Djawa Boroe*” 22より）

●──ペタの兵補たち（“*Djawa Boroe*” 20より）

となった防衛義勇軍・ペタ▲の訓練においては、国家へ献身するナショナリズムをうえつけ、彼らを軍事的に組織化したことで強い感銘をあたえたのである。

斉藤晌の日本の近代文化批判は興味深いが、その課題の捉え方が抽象的すぎて、現実のアジア人に与えた衝撃とは結びつかないように思える。

杉靖三郎と生理学

杉靖三郎《すぎやすさぶろう》(一九〇六〜二〇〇二)は、東京帝国大学医学部で橋田邦彦《はしだくにひこ》の門下生として生理学者になった人物であり、国民精神文化研究所(のちに教学錬成所)に勤務した。師の橋田は生理学の業績以外に、陽明学を学び道元《どうげん》『正法眼蔵《しょうぼうげんぞう》』の註釈を書き、「日本科学」▲を唱えたことで知られている。橋田は第二次近衛文麿《このえふみまろ》内閣から東条英機《とうじょうひでき》内閣までの文部大臣になったが、敗戦後A級戦犯容疑で占領軍から召喚されて、自殺している。橋田の言葉として知られたものに「科学する心」があるが、これは弟子の杉の造語によるものであった(杉、一九四六)。

杉は日本の自然科学者には珍しく、広く文学や宗教、芸術などに関心があって科学エッセイを書く人であり、蘭学《らんがく》を中心とした日本の医学史を研究し、師の

▼**ペタ**　日本軍占領下のインドネシアで、現地住民男子を集めて日本軍の補助兵力として結成した軍隊組織で、ジャワ郷土防衛義勇軍ともいい、のちにインドネシア国軍の中核となった。司令官以下その全員がインドネシア人からなる軍隊であり、三万三〇〇〇の兵力をもつにいたった。

▼**日本科学**　日本の自然科学者のあいだでは、アジア太平洋戦争期においても、純粋科学と応用科学とに分けると、純粋科学の分野では世界共通で日本科学は成立しないが、応用科学の分野では各国の異なる自然条件などが作用して日本科学というものが成立するという説が通説であった。しかし少数だが、純粋科学の分野でも日本科学はあるという説もあり、橋田や杉はそれに属した。

●――杉靖三郎『科学のふるさと』

橋田の『正法眼蔵』解釈に傾倒していた。杉は大日本言論報国会の理事となったが、それは文相橋田の代理人として選ばれたような印象もある。

杉の専攻である生理学という学問は、人間の認識能力の研究の一部を担うものであり、杉は西欧からの科学の輸入以前の日本人の思考や学問や宗教のなかに、認識・認知能力に関する創見をみいだそうとするのであった。西洋の科学とりわけ物理学は、観察主体の人間から切り離された「純客観」の世界を究明してきたのであるが、ここにきてこの「純客観」の世界が幻にすぎないことが明らかになりつつあるのが今日の段階であって、今や科学においても「人間」の立場への復帰が求められるようになっているという(杉、一九四一)。

ここまでは合理的な展開かと思うが、杉は「科学者は自然と一体になって」、「無我」「無心」の立場で観察をしてこそ、「行としての科学」になるのであり、これが日本精神にいう「物心一如」の境地であり、ただ「自然に従うところの随順の精神」であると理解するのである(杉、一九四二)。それは日本文化の伝統を継承した科学者の主観性を極度に重視して、オリジナルな日本科学の樹立をめざそうとするものであった。しかしその日本科学は、現実に適用されるときは次のようなものとなった。

一九四二(昭和十七)年十一月の閣議決定によって米の配給は白米から玄米《げんまい》に▲かわったが、この玄米配給に対し、学術振興会は反対の建議をする。それは玄米が成分上では栄養豊富のようにみえて、動物実験上その吸収率が悪いからであった。これに対して、大日本言論報国会では『言論報国』一九四四年六月号で論争の的となっているこの食糧問題を取り上げた。そこでは、鹿子木《かのこぎ》員信《かずしげ》、野《の》間《ま》海造《かいぞう》、二木《ふたき》謙三《けんぞう》、福井《ふくい》信立《のぶたつ》の論文と、杉靖三郎「必勝栄養の指標」の合計五本の論説がこの問題にあてられている。

杉は生理学者として、大衆の食糧への不安感を批判していた。杉によれば、「この頃はよるとさわると『食べもの』のことであり、どこへ行っても『腹がへる』、『足りない』が御挨拶である」。「そして何かあるとすぐ、それを『栄養不足』のせいにこじつけるのである。不逞なる敗戦思想はそこに蔓延して第五列▲は形成されつつあるのである」、「それはあやまれる米英ユダヤの飽食的栄養学にとり憑かれているからである」というのである。

杉にいわせると、これまでの「ユダヤ栄養学」では一日三〇〇〇〜四〇〇〇カ

▼**玄米食**　玄米を食べる運動は、日露《にちろ》戦後期の民間教化団体のなかに生じてくる。都市の中間上層のなかで生活の西欧化・都市化が進行するこの時代に、身体・精神の不調を訴える人びとが生まれるが、これに対して日本的伝統に則った精神修養を、再発見する動きが注目を集めることになる。それには坐禅・岡田式静坐法・禊などがあったが、それとともに古来の食生活である玄米食こそが日本人の本来の食生活だという主張が生じてくるのである。そこでは玄米食は単純な栄養価の問題ではなく、伝統的なエコロジカルな生活の象徴として位置づけられている。

▼**第五列**　自国内にいる敵の協力者、スパイのこと。

ロリー必要だというが、「何の根拠もない出鱈目《でたらめ》」であって、「現在都会の人々」は大部分二〇〇〇〜一五〇〇カロリー以下で「元気に働いている」し、日本人は一二〇〇〜一〇〇〇カロリー以下でも「栄養は不足しない」のだという。「要するに、感謝感恩を捧げ節約に徹して来たわが伝統の食生活にこそ、必勝栄養の指標は輝いている」というのが、杉の結論であった（『言論報国』一九四四年六月号）。これは都市住民を飢餓状態に放置することを、学問の立場から合理化する論説であったといえよう。

●——航空エンジンを試験する富塚清（一九四二〈昭和十七〉年ころ）

富塚清と生活科学論

富塚清《とみづかきよし》（一八九三〜一九八八）は、戦時下における生活科学論の代表的な担い手であり、同時に当時の花形のポストであった東京帝国大学航空研究所教授の地位にあった。彼は日本評論家協会系の科学技術者の代表として、大日本言論報国会の理事となる。総力戦体制の構築が求められるなかで、軍事技術の急速な向上をめざして、科学教育の刷新が課題として浮かび上がってきていた。こうしたなかで、従来の学校での理科教育を痛烈に批判する生活科学論が浮上してくる。それは学校での理科教育が暗記物の一種となっている現状に対し、日常生活を素材として科学的な「実験と観察」を行うという、自分で問題をみつけて考え、試行錯誤する科学教育を教えることにあった。それは知識の詰込み主義教育である、従来の文部省教育を批判したところに生まれ、戦時下の錬成▲教育の一環とされた。

日常生活を素材とするというのは、衣食住の合理化をめざして、たとえば「風呂焚きや窓の開閉」にも注意を払うことであり、「物を数量的に計測して、正確にやる」ことから始めることである。ともかく「意識してやり、一々原因と結果とを考え合わせて行く」のである。それによって「手製」の理論を考えだすことが重要であるという。それはなぜ重要なのか?

われわれ現代人は「機械文明」の恩恵を受けて暮らすなかで、皮肉にもわれわれ自身は身体も思考力も「退化しつゝある」状態にある、このままいけば「機械力と云ふばけものだけ」が「猛威をふるひ」、「人間の心は次第に卑屈となり奴隷的となる」のをまぬがれない、こうした人間力の低下した現状をくつがえすために、あらたな科学教育が必要なのである、という(富塚、一九四一)。

▼**錬成**　今日でも、予備校の「錬成講座」などの名称で用いられるが、戦中の翼賛《よくさん》体制下では身体と精神をはがねのようにきたえるという意味で、金偏の錬の字を用い、国民学校の教育の基本目標となった。精神をきたえるとは、国難を自覚するいわゆる時局認識を深めることや、日本主義への思想改造の意味を含んでいる。

富塚のいうには、近代の科学は「いくらひいき眼でみても、決して、円満な人格者や聖者みたいなものではない。それは馬鹿にえらい能力を持ってはいるが、非常に気まぐれであり、変質的であって、或る時には人間に暖かい顔をするが、或る時には人間の頸をもしめ兼ねない」ものであるという。その「科学の凶暴性の最も顕著に現はれたところは、周知の如く近代戦である」。そして「どこの国でも、毒を以て毒を制するやり方で、せいぜいこの近代科学といふ変質者の機嫌をとって、その凶暴性に磨きをかけつつある次第だ」というのが、彼の現状観察の結論であった(富塚、一九四〇)。

しかし富塚の生活科学論は、日常の生活過程において計測可能で有意義な研究テーマを、学生・生徒たちがどうしたら発見できるかという点に、困難をかかえていたように思える。実験観測の計器が簡単すぎては正確な測定ができないし、実験材料に夾雑物がまじったり、実験の手続きに小さなミスがあったら、期待する成果をえられることはない。そしてなによりも、学生・生徒が自発的で多様な実験観測を行うためには、指導する教員に相当の力量がなくてはむずかしい。つまり富塚の提唱を現実に移すには、多くの難題があった。

富塚の生活科学論は、科学の発展自体を物神崇拝的に讃えることを拒否して、それが人間生活を破滅に導く可能性をも考える、一種の文明批判の観点があり、人間の主体的能力を恢復する視点に立って、これまでの文部省の理科教育の批判を行うものであった。おそらくはこの文部省教育批判の観点が、大日本言論報国会と富塚との接点を形成したのであろう。

まとめると、大日本言論報国会のイデオローグたちは、西欧近代批判の日本主義者が中心であった。とはいっても、その思想的立場はかなりの不一致点をかかえていたと思う。そのイデオローグたちには、独創的な観点に立つ思想家・評論家も含まれている場合もあった。本章で紹介したイデオローグでいえば、近代批判の論理とともに、一種の近代主義的な観点を有しているか否かが、一つの分岐点であった。その点では、理事の斉藤晌と富塚清には、近代文明批判の視点とともに、本来の西欧近代の価値を否定しない近代主義的な観点があったと思える。

④—運動の展開

権力との親和(第一期)

大日本言論報国会の活動は三期に分かれる。その第一期といえる時期は、創立総会の一九四二(昭和十七)年十二月二十三日から四三(同十八)年八月三十日の第七回理事会までの八カ月間である。事務局体制が確立し社団法人の認可がおりた一九四三年三月六日の発会式を挟んで、早くも八月末には津久井《つくい》龍雄《たつお》が常務理事・総務部長を辞職し、後任に斉藤《さいとう》忠《ただし》▲が就くという決定が行われた。これで日本評論家協会系の常務理事は一人もいなくなる。

大日本言論報国会が発足した時代の戦況は、ガダルカナル攻防戦の末期から、山本《やまもと》五十六《いそろく》連合艦隊司令長官の戦死、アッツ島玉砕《ぎょくさい》といった、日本軍が徐々に敗退し防御の態勢に入る時期であった。とはいえ戦争体制の建直しは、進んでいなかった。

▼**斉藤忠**　一九〇二〜九四。国際文化振興会に勤務ののち、国際政治・軍事の評論家となり、日本放送協会対外放送委員、読売新聞社論説委員などを歴任した。井沢《いざわ》弘《ひろし》とともに右翼思想結社・日本世紀社を創設し、大日本言論報国会常務理事となる。徳富蘇峰とも親しい関係にあった。戦後は公職《こうしょく》追放《ついほう》後、『ジャパン・タイムズ』論説主幹。

思想戦対策委員会・錬成会・講演会など

こうした戦況下での言論報国会の活動は、研究会活動、錬成会《れんせいかい》、講演会・講習会活動、地方支部の設置とマス・メディアの組織化、調査活動の五分野で展開されていた。会の内外の識者を招いて当面の時局問題について報告してもらう会員研究会は、言論報国会の初期から末期まで比較的安定して開かれている。また言論報国会の目的を体現した思想戦対策企画委員会は、会の中心と位置づけられ、会員から二〇人、関係官庁側などより一〇人内外の委員を選ぶ、官民合同型の委員会であった(資5—②)。

錬成会は早朝に水をかぶる禊などの神道的行事と講話を組み合わせたものだが、この時期に力を入れているのは、役員・事務局員・会員の錬成会であった。これはいまだに各人の心のなかに潜む「米英的の思想思惟の残滓」を「一洗」し、日本人らしい「清浄なる本然の姿に立ち還」るためにするものだという(資4—①)。とすると、これも国内思想戦の実践形態であったわけだ。なお、日本新聞会所属の編集中堅記者の錬成会も開かれている。ここでは思想戦に関する講習だけでなく、新聞新体制や編集に関する講話なども行われており、新聞記者に必要な実際的な知識をあたえる錬成会でもあった（資1―⑥）。

言論報国会の発会式は、一九四三（昭和十八）年三月六日に日比谷《ひびや》公会堂で開かれたが、東条英機《とうじょうひでき》首相、谷正之《たにまさゆき》情報局総裁の挨拶から始まり、神宮皇學館《じんぐうこうがっかん》大学長の山田孝雄《やまだたかお》が講演するなど、華々しい出だしであった。この発会式から三日後の三月九日から三十日まで、七班に分かれて全国の二二会場を巡回する「米英撃滅思想戦大講演会」が開催される。これは一般国民向けの言論報国会のお披露目の講演会であった。これには、『朝日』『毎日』『読売』の三大全国紙と各地方紙などが後援している。講演された内容は、この年の九月に大日本言論報国会編の三冊の「日本思想戦叢書」▲として出版されている（資1―⑦）。

これに対して、翼賛会《よくさんかい》・翼賛壮年団など国民運動団体の中堅指導者向けの講習会として、同年六〜八月に全国七カ所で開かれたのが、「思想戦大学講座」である。これは一カ所で三〜七日間（平均六日間）連続で受ける集中講習会であり、各地の受講者は一カ所二〇〇〜七〇〇人におよんだ。主催者によると、国民運動団体の中堅指導者はかつて「合理的主智主義の教育」を受けたため、戦争の勝敗を「科学至上主義」のようなまちがった観念によって考えがちだという。この

▼**「日本思想戦叢書」**　「第一集　世界観の戦ひ」「第二集　思想戦の根基」「第三集　国家と文化」（社団法人同盟通信社、一九四三年）。

●—青い目の親善人形をもつ渋沢栄一《しぶさわえいいち》(一九二七〈昭和二〉年、文部省にて)

「科学至上主義」の見方をなおすのが、この連続講習会の目的であった。この目的にそってか、講習生には講義の受講とともに、禊《みそぎ》などを行う錬成会も実施される場合があった(資4—②、資3—④)。本格的に思想改造をさせようというのであろう。

この時期には言論報国会の地方支部も結成されている。一九四三年七月二十日に京都支部が、七月二十一日に大阪支部が、八月九日に北海道支部が、翌四四(昭和十九)年一月二十五日に九州支部が発足する(資4—②)。これらの支部を支えたのはおもにその地域の地方新聞社であり、支部の設置場所はすべて地方新聞社内にあった(支部長も九州支部は西日本新聞副社長であり、北海道支部では北海道新聞社長であった)。

会の調査活動には「内外思想動向の調査」と題して、野村重臣《のむらしげおみ》調査部長を中心に、「会員の思想や経歴や言動」を調べ上げるという特高《とっこう》警察まがいのものもあった(資5—③)。しかしこれとは別に、前述の「米英撃滅思想戦大講演会」とセットで、その夜に行われる各地の研究会で採取した声を、講師たちが報告したものがあった。

各地の声のなかで、思想戦にかかわる事項では、「四五十歳の女に殊に時局認識なし」、「流言飛語の出所《でどころ》は所謂《いわゆる》指導者層に多い」、「大学教授の考へ方に自由主義の残滓《ざんし》多し」、「上級学校への入学希望者のうちに徴兵《ちょうへい》忌避の傾向を見らるるは遺憾なり」、「大阪財閥《ざいばつ》の思想是正」、「仏教思想の滲透により老年者の厭世思想が厭戦傾向を来たすを憂ふ」、新湊《しんみなと》市で日米親善のためにアメリカから贈られた「親善人形▲」の「焼打」を行ったことに対する「批判」があるが、どうしたらよいか、などの声がよせられている。いわゆる思想悪化が、「指導者層」「大学教授」「上級学校への入学希望者」「大阪財閥」などの上層階級と、「四五十歳の女」、「厭世思想」の「老年者」などに顕著にみられ、「親善人形」の「焼打」といった敵愾心を強める行動への疑問と批判がある、という内容である。

実生活上では、闇取引《やみとりひき》▲の問題が多くあげられていた。「公定価格」の設定価格が不合理である、「闇取引の横行の思想的影響」を考えよ、「経済犯」に関しては隣組の人びとが気の毒がって「慰安会を催したる」事例まである、などである（「資料　思想戦地方研究会」『言論報国』一九四三年十月号、資1―⑧）。そこには、これまでの価格が変化する通常取引が、突如闇取引として違法となったことに対

▼親善人形　日米関係の悪化を憂慮して、アメリカ人宣教師ギューリック博士が提唱して、一九二七年全米の団体・個人から、日本の小学校・幼稚園に数千の青い目の人形が贈られた。渋沢栄一もこれに協力し、日本からの答礼人形もアメリカに贈られた。しかしアジア太平洋戦争期に、アメリカへの敵愾心の昂揚のため、親善人形のなかには竹槍で突かれたり、焼かれたりした人形も出た。

▼闇取引　日中全面戦争が進行するなかで、軍需《ぐんじゅ》の割合が多くなり民需《みんじゅ》の比率が圧迫され、物価が上昇傾向になった。このなかで政府は国家総動員法を発動し、基本物価水準を低廉な公定価格にすえおく措置に踏み切り、その取締りのための経済警察を設置する。ものが手に入りにくくなるなかで、国家総動員法にふれる公定価格違反の物資の取引をすることを闇取引という。

●――市川房枝

する違和感があった。これらの思想戦にかかわる事項は、単なる非国民呼ばわりでは解決がむずかしい問題であったと思われる。

女性会員組織化と世界史の哲学

なお第一期の活動の一つに、女性会員組織化の動きがある。言論報国会の女性会員は、一九四三（昭和十八）年七月十日現在で二〇人を数えたが（資3―⑤）、役員では女性理事にはただ一人市川房枝《いちかわふさえ》が、参与に山高《やまたか》しげりが、評議員には竹内茂代《たけうちしげよ》と河崎《かわさき》なつが就任していた。こうしたなかで一九四三年七月二十一日には第一回婦人会員懇談会が開かれ、羽仁《はに》もと子《こ》など九人の女性会員が出席している（資3―⑥）。この会には情報局側から井上司朗《しろう》課長も参加し、事務局側から部課長七人が参加した。

市川房枝はこのころ、日本の家制度を積極的に讃美するようになり、都会の一部にみられるような「米・英的な家」を否定する立場をとり、「家長《かちょう》代理としての主婦」が部落会・町内会・隣組などで活躍することを推奨する発言をしていた（市川、一九四三）。したがって婦人会の組織についても、家庭婦人については「個人を単位とした婦人会」は「解消」して、「家を単位とする町会隣組の婦人部」とすべきだと提案している（「婦人に対する輿論指導について」『言論報国』一九四四年八月号）。これも家族国家観を基礎に女性たちの戦争協力を進めることが、女性の地位を向上させる道と市川は考え、そうした運動を推進しようとしていたのかもしれない。

しかし婦人会員懇談会は、その後二度と開かれることはなかった。それはおそらく市川と同じ日本評論家協会系に属する津久井龍雄常務理事が辞任し、大東亜思想協会系の斉藤忠が常務理事に就任したことが影響していた。「会に婦人部を設けようといふ」市川の提案に対し、狭量な斉藤忠は女性会員間の対立を理由に、しぶって実現させなかったとのことである（森本、一九六八）。

なお村岡花子《むらおかはなこ》▲は、国が人口政策の宣伝で、産めよ殖やせよなどということに批判的であった。「女は子供を産む機械のようにいわれることが、娘さんたちの結婚に対する美しい気持と衝突する」と村岡は述べている（村岡、一九四二）。この「結婚に対する美しい気持」とはロマンティックな恋愛観に基づくものであろうが、市川房枝のような「家」を中心とした組織化論とは異なる考えであろう。

▼**村岡花子**　一八九三〜一九六八。英米児童文学の翻訳家として知られ、戦前に市川房枝の婦人参政権獲得運動に共鳴し、活動に参加する。アジア太平洋戦争下で『赤毛のアン』をひそかに翻訳し、同書は第二次世界大戦後に刊行された。

第一期の言論報国会の活動をみるかぎり短い期間ではあるが、官民協力して内外の思想戦に乗りだそうとした意図は感じられる。この時期は新聞社などジャーナリズムとの関係もよく、京都学派から選ばれた理事の高山岩男《こうやまいわお》も理事会に出席している。しかしこうした状況は、第一期の末期に起こった『読書人』一九四三年七月号における西田哲学と京都学派への攻撃によって、すっかり変化してしまう。

京都帝国大学の哲学者である高坂正顕《こうさかまさあき》、西谷啓治《にしたにけいじ》、高山岩男、鈴木成高《すずきしげたか》は「近代の超克」論に通じる独自の「世界史の哲学」を構築し、総力戦体制論から「大東亜戦争」の理論化・正当化を行う。彼らの座談会は『中央公論』誌上で発表された。しかし海軍の勢力を背景にしたといわれる彼らの理論は、陸軍との結び付きの強い大日本言論報国会主流派の日本主義とはそりがあわず、それは戦争支持勢力内部での言論抑圧事件に発展する。ただしこの事件と言論報国会首脳との関係は、必ずしも定かではない。しかしともあれ事件を契機に、言論報国会の立ち位置は、より右の地点へとぶれていくのであった。

言論抑圧への加担(第二期)

言論報国会の第二期は、一九四三(昭和十八)年八月三十日の第七回理事会から、四四(同十九)年七月十八日の第二回総会までの約一年弱の時期である。この時期の戦況は、徐々に防衛線が後退しつつある状況で、政府は「絶対国防圏」▲を決めてこの国防圏の確保による「長期不敗の態勢」を維持することをめざした。一九四三年九月二十一日、政府は「国内態勢強化方策」を発表し、航空機の非常増産に向けて銃後の総力をあげる方針を示す。しかしこの第二期の終りの一九四四年七月にはサイパン島が陥落し、「絶対国防圏」が破れるにいたり日本の敗戦は確実となった。

「国内態勢強化方策」では「国内言論」の「指導」や「取締」の「強化」も決定されており、かりそめにも「国論」を分裂させる「虞《おそれ》」がある者に対しては、「徹底的の措置」を講ずると弾圧方針が明確にされた。東条首相は再三にわたり、秦《しん》の始《し》皇帝《こうてい》の焚書坑儒《ふんしょこうじゅ》▲を有意義だとする発言をしているが(伊藤、一九九〇)、この期間は太平洋戦争下でもっとも言論抑圧の激しい時期にあたり、中央公論社と改造社が「自主的廃業」を余儀なくされる事態も、その末期に生じた。

▼**絶対国防圏**　一九四三(昭和十八)年九月三十日御前《ごぜん》会議の決定で、戦線の後退に歯止めをかける目的で「絶対国防圏」が設定される。それには確保が困難となったソロモン・東部ニューギニアの放棄が含まれていたが、この「絶対国防圏」の域外にいる将兵は一〇〇万人といわれる反面、「絶対国防圏」の域内でもアメリカの潜水艦が行き交い、その域内を防衛できているわけではなかった。

▼**焚書坑儒**　秦の始皇帝は全国統一とともに、法家《ほうか》の思想を国の正統思想に定めた。そこで始皇帝は法家以外の思想書を焼いたり(焚書)、儒者を生埋めにする(坑儒)などの思想弾圧を実施したという。

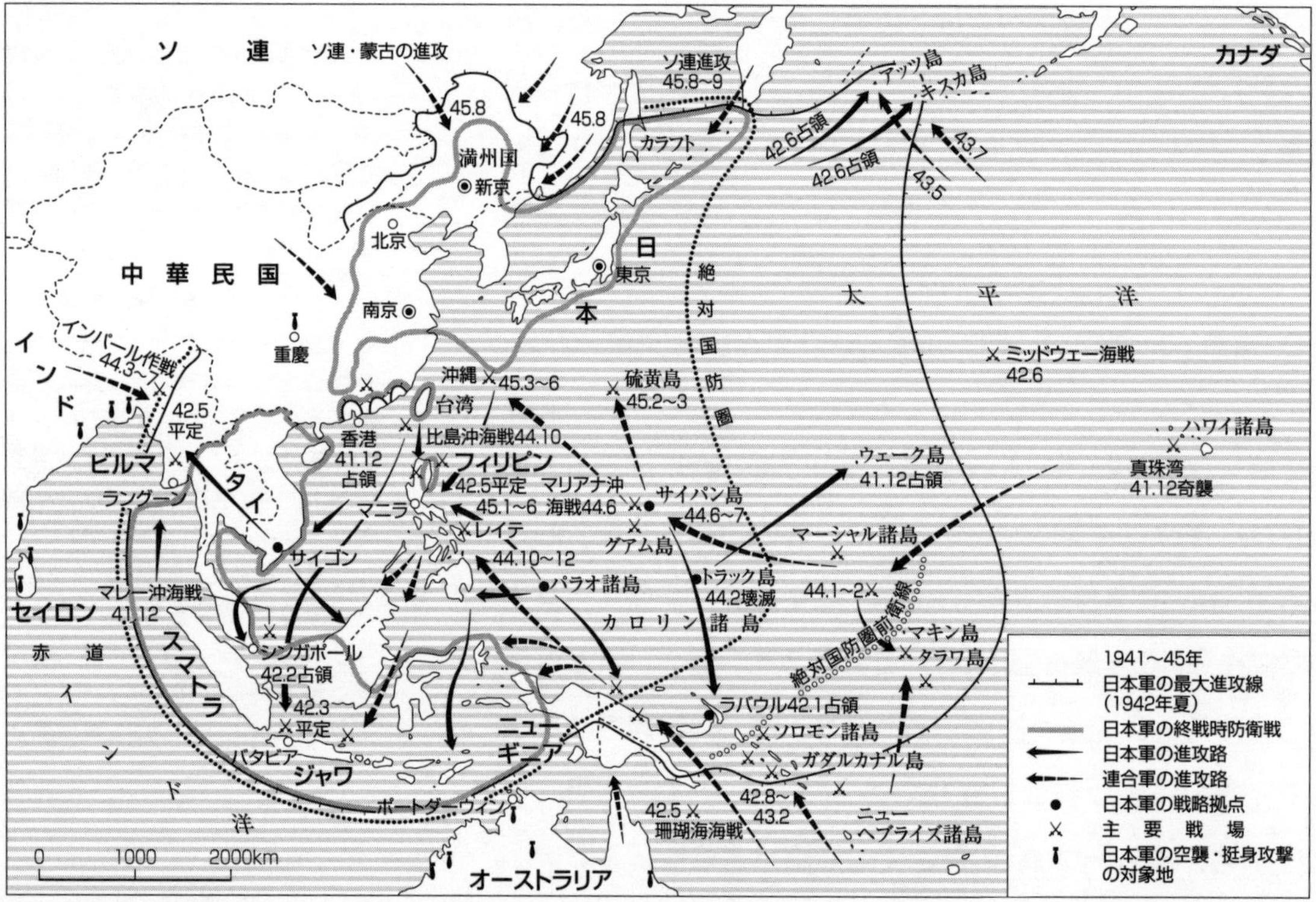
ソ連
ソ連・蒙古の進攻
45.8
45.8
満州国
新京
北京
中華民国
南京
重慶
日本
東京
カラフト
ソ連進攻
45.8~9
アッツ島
キスカ島
42.6占領
42.6占領
43.7
43.5
カナダ
太平洋
絶対国防圏
インド
インパール作戦
44.3~7
42.5
平定
ビルマ
ラングーン
タイ
サイゴン
沖縄
45.3~6
台湾
香港
41.12
占領
比島沖海戦44.10
フィリピン
42.5平定
45.1~6
マニラ
レイテ
44.10~12
マリアナ沖
海戦44.6
サイパン島
44.6~7
グアム島
硫黄島
45.2~3
ミッドウェー海戦
42.6
ハワイ諸島
真珠湾
41.12奇襲
ウェーク島
41.12占領
マーシャル諸島
44.1~2
マキン島
タラワ島
絶対国防圏前衛線
トラック島
44.2壊滅
パラオ諸島
カロリン諸島
セイロン
マレー沖海戦
41.12
赤道
スマトラ
シンガポール
42.2占領
42.3
平定
バタビア
ジャワ
インド洋
ニューギニア
ポートダーウィン
ラバウル42.1占領
ソロモン諸島
ガダルカナル島
42.8~
43.2
ニューヘブライズ諸島
42.5
珊瑚海海戦
オーストラリア
0
1000
2000km
1941~45年
日本軍の最大進攻線
(1942年夏)
日本軍の終戦時防衛戦
日本軍の進攻路
連合軍の進攻路
日本軍の戦略拠点
主要戦場
日本軍の空襲・挺身攻撃
の対象地

●—太平洋戦争要図

大日本言論報国会側の認識では、この時期は国民思想の分裂と動揺の時期である「混迷期」であった。それは社会のなかに「敵性思想」が広く蔓延し、無自覚のうちにその受入れが行われているからである。このような認識に立つ言論報国会では、国内に潜んでいる「非国家的乃至《ないし》反国家的思想」のすべてを潰滅・掃討するために「一歩を踏み出した」、つまり国内思想戦に乗りだしたという。これというのも明治開国以来、日本人が知らず知らずのうちに民族本来の資質を失い、「亡国」の道へと歩ませた「ユダヤの歴史的謀略」のためだとのことである（資4―②）。ここにみられるのは、誇大妄想ともいえる危機意識に満ちた状況認識である。

イタリア降伏と大東亜共同宣言

この時期に大々的に講演会などを通じて宣伝されたのは、一九四三年九月三日の休戦協定によって枢軸国の一角を占めるイタリアが無条件降伏した問題（九月八日発表）と、日本の占領地の諸民族の代表を集めて同年十一月五日に発した大東亜共同宣言についてであった。イタリアのバドリオ政権の無条件降伏に対して言論報国会は、まず思想戦対策実行委員会を開き、続いて緊急理事会を開催し、「敵米英謀略撃催の宣言」を発している。このイタリア問題に即応した講演会は、十〜十一月にかけて全国二二カ所、三七日間の日程で開かれている(資4—③)。

言論報国会の「宣言」では、イタリアの降伏はイタリアが国内に「多くの思想的脆弱分子を放置」したために、「敵国の謀略」に呼応する「通敵分子」が国内に存在したからであると断定されており、これを教訓として日本でも、国内に残存する自由主義的観念を「徹底的に潔祓《みそぎばらい》」する必要があるということが、強調されていた(資3—⑦)。『言論報国』一巻二号は事実上イタリア問題の特集号となったが、イタリア降伏の原因は英米の「謀略」によるということが、言論報国会の各論者の共通了解となっていることがわかる。つまりイタリアの降伏という事態は、国内思想戦論を強めるものとなった。

これに対して一九四三年十一月の大東亜会議▲で採択された「大東亜共同宣言」は、前文に加えて「共存共栄」「自主独立」「文化昂揚」「経済発展」「資源開放」といった五原則を掲げていたが、考え方によってはいかようにも解釈できるこの前

▼**大東亜会議**　一九四三年十一月、日本の占領下のアジア諸地域から、日本の同盟国や傀儡《かいらい》政権の代表が出席して開かれた会議。タイ・満州《まんしゅう》国・中華民国(汪《おう》兆《ちょう》銘《めい》)・フィリピン・ビルマの代表が参加し、自由インド仮政府の代表(チャンドラ＝ボース)がオブザーバーとして陪席した。ただし日本軍占領地域でも、インドネシアは日本軍の直接占領地域として独立を認めず、ベトナムなどインドシナ地域は、日本がフランスとの共同統治をして独立を認めていないため、インドネシア・ベトナムなどの代表は出席していない。

▼**八紘一宇**　『日本書紀』の神武《じんむ》天皇紀からとられた文言で、八紘為宇ともいう。大東亜共栄圏建設の理念として、用いられた。

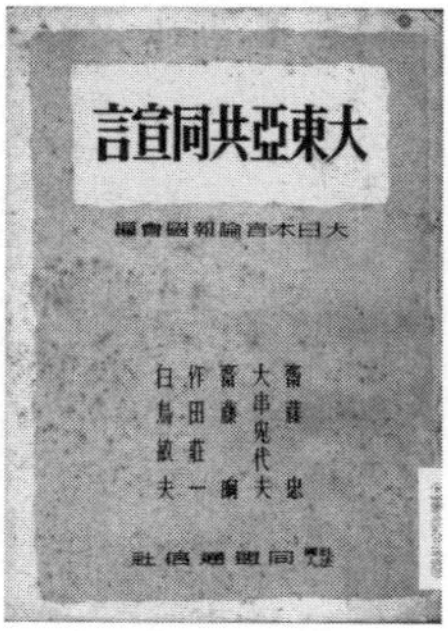

●『大東亜共同宣言』

文と五原則について、「ヨーロッパ的既成概念」によらずに、あくまで「皇道宣布」や「八紘一宇《はっこういちう》」▲の枠にそった国体論的な公的解釈を示すのが、言論報国会の役割であった（大日本言論報国会、一九四三）。言論報国会では『大東亜共同宣言』と題する本にまとめるとともに、『朝日』『毎日』『読売』の三大全国紙と『東京新聞』『同盟通信』『産業新聞』に、この宣言の総論と五原則の一つひとつに解説を加えた論説を掲載している（資4―②）。それらはアジアの盟主としての日本を強調する論説であった。

新聞社・雑誌社などのジャーナリズムとの関係は、もともと言論報国会にとって重要事項であった。なぜならジャーナリズムは、経済的にはその寄付金が言論報国会の財政収入の一部を支え、組織上では会員候補もここから数多く選考し、活動からいえば講演会の宣伝や参加者もこれに依存していたからである。その意味ではジャーナリズムとは共存共栄の関係に立つことが望ましかった。言論報国会のような統制団体は、一方で政府の言論統制に協力しながら、他方でジャーナリズムを代表するという矛盾した関係を維持することで、その存在理由が確保されるものだった。

●―大日本言論報国会の財政収入

年　度	1942年度(1～3月)	1943年度	1944年度	1945年度(予算)
政府補助金	10,000円	200,000円	200,000円	200,000円
寄付金	129,000	323,000	117,000	569,000
会費	1,269	18,000	5,470.36	18,000
運用利子		2,400	413.62	2,400
事業収入		71,400	24,403.34	27,700
雑収入	1,300	3,814	2,253	584
前年度繰越金	1,875＊	1,200	9,201.67	26,000
合　計	143,444	619,814	358,741.99	843,684

出典：「第一回総会議事録」中「大日本言論報国会昭和十七年度決算表」(資５)，「昭和十八年度収支決算表自昭和十八年四月至昭和十九年三月」(資８)，「昭和十九年度決算報告書」(資７)，「社団法人大日本言論報国会昭和二十年度歳入歳出予算書」(資９)。

＊1942年度の前年度繰越金は，準備会繰越金。

●―大東亜会議の首脳たち　左からビルマ首相バーモウ，満州国国務総理張景《ちょうけい》恵《けい》，中国南京《ナンキン》政府主席汪兆銘，日本首相東条英機，タイ国首相名代ワンワイタヤコーン，フィリピン大統領ラウレル，自由インド仮政府主席チャンドラ＝ボース。

七八ページの表は「大日本言論報国会の財政収入」の内訳を示したものだが、このうち寄付金は新聞社・雑誌社・日本新聞会・日本出版会などからのものである。寄付金の年度総収入に対する割合は、発足時にあたる一九四二(昭和十七)年度は総収入の九割近くを占め、四三(同十八)年度でも五割強だったのに対し、四四(同十九)年度には三割強まで減っている。これは言論報国会のスタンスが、政府の言論統制に荷担する方向へ大きく傾くようになったことと関係がある。

野村重臣調査部長は、一九四四年になって『中央公論』『改造』『文藝春秋』『日本評論』の四誌を、時局にふさわしくない雑誌として出版整理の対象とすべきことを公言していた(「出版事業整備と雑誌批判」『読書人』一九四四年二月号)。このとき総合雑誌は五誌であり、野村に指摘されなかったのはきわめて右翼的な色彩の濃い▲『公論』だけであり(山領、一九七八)、野村は総合雑誌すべての『公論』化を主張したといってもよかった。なお、この当時の『公論』の執筆者には、言論報国会の役員である者などが相当数を占めていた。ジャーナリズム側は警戒の色を強めていく。そして、この第二期の末期には、言論報国会はジャーナリ

▼**『公論』**　第一公論社の発行した国家主義的な総合雑誌で、上村《かみむら》哲弥《てつや》、勝弥《かつや》兄弟がその中心人物となり、兄の哲弥が主として経営を、弟の勝弥が主として編集を担当した。哲弥はもともとアメリカに学んで自由主義的・科学的な家庭教育運動を行っていたが、松岡洋右《まつおかようすけ》と親しく、一九三〇年代にその立場を変える。『公論』は右翼的な雑誌として知られ、自由主義的知識人などの攻撃を行った。敗戦後の一九四六(昭和二十一)年に、雑誌界の戦争責任追及運動で糾弾され、廃刊となった。

ズム関係者から「思想暴力団」扱いされて、雑誌社だけでなく新聞社とも「全く敵対関係」になってしまうのであった（森本忠「僕の天路歴程(13)」『日本談義』一九五二年九月号）。

『言論報国』の創刊と航空機の増産

この時期、もっとも新しい事業には、機関誌『言論報国』の創刊があった。『言論報国』は「指導者の指導誌」をめざして創刊されたもので、創刊は『登山とスキー』誌の廃刊・献納によって可能となった。このころは継承すべき紙の割当てがないと、雑誌の創刊は認められなかったのであり、専務理事で事務局長の鹿子木《かのこぎ》員信《かずのぶ》が学生スポーツであったスキーと登山の開拓者であったことから、この献納が行われたようである。ただし七月一日発行、第三号までは二〇〇〇部とあるのが、発行が遅れて十月一日となっているのは、第四号から飛躍的に部数を伸ばす予定にあわせたものか（資3―⑧）。ページ数は二巻五号までは六〇～八〇ページ台を維持し、おそらく発行部数は七〇〇〇部であった（資7―①）。

講演会活動では一九四四(昭和十九)年に入ってからは、三月七日に日比谷公会堂で「国民総蹶起大会」を開き(資4―④)、六月十日に「言論人総決起大会」を開催しているが、全国的な動きはみられない。錬成会も一九四三(昭和十八)年九月に鹿島《かしま》思想錬成会を、四四年三月には事務局員錬成会を開いたくらいである。なお鹿島思想錬成会は「思想戦士」養成の目的のものだが、参加者は「千葉県長生《ちょうせい》郡翼賛道場同人、茨城県勤王《きんのう》まことむすび同人、栃木県晃山塾《こうざんじゅく》同人、東京深川《ふかがわ》みたみ会同人等精鋭分子三五名」であり、東京とその周辺の日本主義的なグループが参加していた(資4―①)。特定の右翼団体との連携を強めていることを示すものであろう。

また一九四三年十一月ごろから四四年三月ごろまでは、国内思想戦の課題を喫緊の戦力増強問題のなかにみいだす調査研究が登場する。前述の「国内態勢強化方策」は、航空機生産の最優先と食糧自給体制の確立をめざしたものであったが、航空機増産のため、その生産責任者には強大な権限が賦与されることとなった(長島ほか、一九九二)。そこで唱えられたのが「頭の切り替え」という言葉であり、それはこの頭の切替えと責任者の人の切替えによって、生産力の飛躍的増強が可能になるのだという考え方に立つことを意味した（野村重臣「戦力の飛躍的増強」『言論報国』一九四四年八月号）。

困難をきわめる思想戦の課題を、生産現場の大衆の意識改革によって解決するというその試みは、新機軸といえるが、しかし、こうした調査研究では、とかく引きだすべき教訓がさきにあって、その教訓にあわせて現場の実態が理解されるということが起こる。東肥《とうひ》航空の場合は、二・二六事件の被告の元青年将校が中心になり、企業整備令▲によって整理された転廃業者を社員に、その社員全員が出資して設立されたが、関係者にとってまったく不案内の花形産業でもある航空機分野で、ただ指導者の元青年将校の激しい熱意と社員全員の真剣な姿勢によって、工場建設が成功したという物語が描かれている。そこでは「工場が即ち道場」となり、従来は一年間はかかる技術習得をわずか四日間でなしとげた、工場に軍隊秩序を採り入れ能率が上がった、などの奇跡的な成果が喧伝されていた（「『皇道経済』を現地に聴く・座談会」『言論報国』一九四四年一月号）。しかし、この東肥航空の設立に際しては、資金や資材の割当て、機械工具や土地の取得、技術訓練などの面で特別の優遇措置がとられていたようであり（東

▼**企業整備令**　一九四二（昭和十七）年五月、非軍事部門の中小商工業の整理統合を進めるため公布・施行された。その後、行政指導でこの整理統合は進められ、一九四三（昭和十八）年には「戦力増強企業整備要綱」が出されて大量の転廃業者が生じることとなった。

肥航空株式会社、一九四三)、「頭の切り替え」だけで問題が解決できたわけではなかった。

また産業報国会の協力のもとに、一九四三年十一月から翌年六月まで、九つの工場で「生産の思想的隘路」の究明のため調査が実施されている。増産を阻む原因の一つに欠勤が多いことがあげられるが、その原因は工員が「疲れてゐる」「過労」「病気」などの肉体的条件の悪化、そして、それを加速させる「交通機関が非常に混雑して」いる状況、さらに労賃の不足を就職前の「仕事を副業的にやる」二重稼働によって補うなど、工員の生活基盤に問題があり、その背後には簡単に解決できそうにない事情があることが見受けられる。ある工場では「皆勤運動」をすると、負担の軽い部署の者が表彰される結果となり、「却つて変なことになる」という。しかしその対策の「結論」は、工員の思想変革こそ解決の決め手であり、「日本的勤労観」による労務管理が必要だとする、漠然とした域にとどまったのであった(「調査資料　労務管理と思想」『言論報国』一九四四年七月号)。

⑤―「言論暢達」政策と「大号令」詔書

「言論暢達」政策と言論報国会

大日本言論報国会の第三期は、一九四四(昭和十九)年七月十八日の第二回総会から翌四五(同二十)年八月十五日後の解散までの時期である。この第二回総会の当日に、これまでもっとも厳しい思想・言論抑圧で知られ、同時に言論報国会に庇護をあたえていた東条英機《とうじょうひでき》内閣が倒れた。あらたに登場した小磯国《こいそくに》昭《あき》内閣は、東条の政敵として死んだ中野正剛《なかのせいごう》の葬儀委員長をつとめた『朝日』の緒方竹虎《おがたたけとら》▲を情報局総裁とするもので、緒方の就任は東条政権からの政策転換を劇的に示す事件であった。緒方は思想表現の取締りを緩和する「言論暢達《ちょうたつ》」▲政策を推進する。言論報国会は、このときから敗戦まで、しだいに政権にとっては厄介な存在の野党的な立場に変化していったようである。なお一九四四年八月七日の第十五回理事会で、会長徳富蘇峰の提案によって鹿子木員信《かのこぎかずのぶ》は専務理事・事務局長から理事長・事務総長へと昇格している(資6―①)。

この少し前から言論報国会で活躍する大串兎代夫《おおぐしとよお》によると、今や世間には

▼**緒方竹虎**　一八八八〜一九五六。『東京朝日新聞』編集局長として二・二六事件での反乱軍の朝日新聞社襲撃を体験し、親軍的な方向を模索しはじめる。東京・大阪の『朝日新聞』の主筆の統一化に際してその最初の主筆となり、翼賛体制下の新聞統合に抵抗した。小磯内閣以降、情報局総裁となり、このときから政界に転じた。

▼**「言論暢達」**　「言論暢達」とは、これまで抑圧されて縮こまっている言論を、伸びやかにすることを意味し、小磯内閣における従来の言論統制政策からの改訂・変更として打ち出された。

●—天羽英二《あもうえいじ》旧総裁との引継ぎをする緒方竹虎情報局総裁(右)(一九四四〈昭和十九〉年七月二十四日)

「一部の思想家」が、「思想戦」論をふりまわして「他を圧迫」していることに対する「反感」があり、一刻も早く「思想言論についての統制を廃止すべしとの主張」が展開している状況だという(「思想戦の認識」『言論報国』一九四四年十月号)。この思想抑圧に加担している「一部の思想家」とは、従来の言論報国会のイデオローグたちのことであろう。

こうしたなかで井沢弘《いざわひろし》ら言論報国会幹部は、政府の「言論暢達」政策への反発を公然化させる。『言論報国』一九四四年十月号には三本の批判論文がならんだが、このうち井沢は巻頭の「主張」欄で、「言論暢達」が言論の「自由」と同義語であってはならないという。そして「言論暢達」ということを一歩まちがえば、「群議百出となって収拾困難」になることは必至である、現にわが国の「指導階級」は「大半が米英的自由主義」に立脚しているなかで、科学主義や物量主義を説いたら「米英追随」を蔓延させるだけだ、という。井沢は、現在の指導階級が不逞な米英思想の持ち主で、自分たちこそ、それを正す存在だと考えていたようで(「言論暢達について」)、依然として国内思想戦論に立っていた。

ただし同誌の翌月号には、会員のなかからも「言論暢達」政策への支持の意見が出てくる。それは、多様な評価・「見解」の発表を許すところに「言論暢達」の意味があり、「言論外の力を以て圧迫」するのでは、脆い見かけ上の統一しか生まれないと主帳したものであった(田中惣五郎「言論暢達について」『言論報国』一九四四年十一月号)。

なお一九四四年十月二日の第十七回理事会では、新聞社などジャーナリズムと対立していた常務理事・実践局長の野村重臣《のむらしげおみ》は辞職し、同月末の第十八回理事会で森本忠《もりもとただし》が後任のポストに就任する(資6—①)。『朝日』の記者の森本の就任は、言論報国会と新聞会との関係修復をねらったものと思われる。そして、これまで国内思想戦を呼号し、横浜事件について赤化陰謀説を信じている常務理事の斉藤忠《さいとうただし》は(斉藤忠書簡①)、それまで喧伝していた国内思想戦論から打って変わって、「皇国」に「欠如」していたのは「人の和」だと説くのである(「我観思想戦」『言論報国』一九四四年九月号)。これは、「言論暢達」への便乗的な動きといえようか。

国策批判の出現

こうしたなかで富塚清《とみづかきよし》や難波田春夫《なにわだはるお》、斉藤晌《しょう》、伊佐秀雄《いさひでお》などは、これまで黙っていた胸のうちを公然と明らかにする。このときの表現の自由度は、かえって『言論報国』誌のほうが他のメディアよりも高かったようにみえる。

サイパン陥落の少し前の一九四四(昭和十九)年六月二十七日、大日本言論報国会の会員研究会で、富塚清が「最近の航空事情」を報告する。その内容は、『言論報国』の同年十・十一月号に連載された。日本の航空機の性能に対する富塚の見方は、きわめて厳しいもので、このなかで日本の航空機は部品の一つひとつがアメリカ製の部品と比べて質が悪いことを指摘している。発動機には付属する点火栓・起動装置・油ポンプ・空気ポンプ・燃料ポンプなどの付属品があるが、「機能的にも悪いし、つけ外しの具合も悪いし、寿命も短い、いい点は何一つない」という。しかも整備員や操縦士の技術も低いというのである。アメリカのＰ４０は雨ざらしにしておいても、突然「飛ぼうと思へば直ぐ十機が十機飛ぶそうであります」が、日本の飛行機は格納庫のなかにおいていても「朝から晩まで管を直したり、コックを直したり、点火栓を入れ替えたり、非常に手がかかる」うえに、整備不良で「五割飛べばまずいい方だという」状態だという。今日の状態は「所謂《いわゆる》、実力の差が出て来たんだという気がします」というのが、富塚の感想であった（「航空戦力の増強」『言論報国』一九四四年十・十一月号）。

この航空機製造における日米の技術力の差を具体的に指摘した富塚の報告は、本来が軍部の秘密事項であるうえに、アメリカの技術力を称賛するものであった。それがそのまま二号にわたり連載されたことには、編集部の軍・政府を批判する意図が感じられる。掲載された号は、遅れて発禁処分となった。言論報国会の思想錬成会講師として地方都市を巡回していた富塚は、その時局批判について警察から注意を受け、さらに憲兵隊《けんぺいたい》▲による取調べも受けている（富塚、一九七五）。これは今や取締り当局にとっての大日本言論報国会の位置付けが大きく変化し、危険な団体の一つに転換する可能性を示していた。

難波田春夫の「日本の総力戦態勢」（『言論報国』一九四五年三月号）も、青少年学徒を含めて重点産業に総動員したが、それが現実の成果の結実に結びつかないでいる原因を論じたものであった。難波田は、今や現実化している「過度」の

▼**憲兵**　憲兵制度は、通常は陸海軍の警察として、軍人の軍紀・風儀・犯罪などを取り締まる特別警察の制度であるが、日中全面戦争下で民間人の反戦・反軍言動の取締りなどを取り扱うようになる。アジア太平洋戦争期には、特別高等警察より憲兵が、民間人の思想取締りに関して中心的役割を果たした。

「重点産業」への「集中」は、「重点産業」における競争をなくして生産能率の低下をもたらしている、そして重点産業でない産業、とりわけ輸送力の低下が、原料・資材の輸送を妨害する事態が生じている、これは根こそぎ動員が、かえって全体としての戦力を低下させていることを示すものである、と述べた。これは「頭の切り替え、人の切り替え」による航空機増産計画と、視点を異にする批判であった。

なお斉藤晌の「日本的叡智の開顕」も、軍の組織機構の能率の悪さを批判したものであった。現代日本は、明治以後に滞積してできあがった「旧来の陋習」に支配され、「不適材が不適所に置かれ」る状態で、これでは戦争に「勝てる筈が無い」、日清《にっしん》・日露《にちろ》戦争は、今日のような「陸大（陸軍大学校）や海大の秀才によって指導されていたのではない」、今や徹底責任制を確立して、あくまで実効をあげる仕組みにすることが必要だ、というのである（『言論報国』一九四四年九月号）。

そして『言論報国』一九四五年三月号には、言論報国会の役員から排除された日本評論家協会系の伊佐秀雄の短歌が掲載される。「空襲所感」と題する短歌の第一首目、「十年余の防空演習想いつつ　焼け野ヶ原をきょうぞ見しかな」は、過去十数年の防空演習はバケツリレーで焼夷弾の火も消せるというものであったが、現実には一面の「焼け野ヶ原」になったことを、さりげなく批判していた。

さらに読者の匿名の投書欄となった「言論特攻隊」欄▲には「一学徒挺身隊員」の名で、小磯内閣が総辞職したが、「涼しい顔ですまし込んでいる」とは「何と卑劣な、無責任極まる態度であらう」、内閣総辞職とともに「閣員一同は時を移さず切腹して」陳謝すべきだ、と責任を追及している（『言論報国』一九四五年五月号）。ここには上層部に対する強烈な反感がある。

こういった動向から知られるのは、「言論暢達」政策がこれまで発言をおさえられてきた人たちからの政府・政策批判を招くものであったこと、しかも軍の威信低下を背景に、それは軍の任用人事や防空政策にもおよんでいたことがわかる。「言論暢達」政策は、言論弾圧に加担してきた言論報国会の内部での分裂を孕みつつ、上層部へのあからさまな反発をも生み出していたのであった。

▼**「言論特攻隊」欄**　『言論報国』誌上で、一九四五（昭和二十）年一月号から創設された欄である。一～三月号では会員などの普通の文章が掲載されていたが、四～五月号では匿名の敵愾心にあふれた、激越な発言が掲載されている。

言論報国会の自立化

こうしたなかで言論報国会では、一九四四年六月号以降『言論報国』の発行部数を従来の七〇〇〇部から一万部に増加させ、一九四五（昭和二十）年一月には一万二〇〇〇部、三月には一万四〇〇〇部に増加させ、寄贈分もふやしている（資7—②）。ただしページ数は従来のページ数から半減している。「指導者の指導誌」をめざした同誌は、中堅指導者層に広く配布・頒布することで、彼らへの直接の影響力を強めようとしているようである。これも政府からの自立化の動きともみえよう。

それでも講演会活動では、一九四四（昭和十九）年十一月七日には日比谷《ひびや》公会堂で「奉勅決戦　一億総追撃大演説会」が開かれ、大串兎代夫など五人の講演が行われている。これは今日の情勢をふまえて、「宣戦御詔勅《ごしょうちょく》」の意味を改めて説くものであった（資6—②）。なお九州地方では同年十二月五〜十五日にかけて、中央から派遣された講師団が五班に分かれて、地域の中堅指導者や工場学徒を対象とする「決戦　九州地方講演会研究会」と題する巡回講演会・研究会が行われた（資6—③）。さらに一九四五年一月十七日には、十四日の米軍の伊勢《いせ》外宮《げくう》への空襲・投弾を「大不敬《だいふけい》」事件として、「断固報復　一億総憤激大会」を日比谷公会堂で開催している。これはアメリカに抗議する集会で、「決意表明」文を徳富蘇峰が読み上げている(資6―④)。

大阪支部では独自の活動として、大阪府・兵庫県などの重要各種工場、会社などで、生産増強突撃講演会と題する講演会活動を実施し、一九四四年度中に七一回開催したという。それとは別に大阪支部では生産責任者などを対象に、思想戦協議会並《ならびに》懇談会を年度中二七回開催したという。こうした活発な独自活動を基礎にしてか、戦局も押し詰まった一九四五年三月には神州正気隊《しょうきたい》・近畿国民特攻隊《とっこうたい》を結成したというが、その活動の内容は不明である(資7―③)。

錬成会《れんせいかい》活動としては、一九四四年十月に附属錬成所を千葉県茂原《もばら》町の約一万坪の敷地に建設する。それは、その地に二階建ての錬成道場を設置したもので、井沢弘▲常務理事が塾長となった。その後井沢が中心となって、一九四四年の九月から四五年二月末までに栃木県内四カ所、千葉県内三カ所、会津若松《あいづわかまつ》、山形県、茨城県、群馬県などで、一回二〜三日間、数人の講演を含む錬成会を催している。さらに伊勢の惟神《かんながら》道場には四県から参加者を動員して、錬成会を行

▼**井沢弘**　一八八九〜一九六七。『東京朝日』『東京日日』などの記者をへて、『読売新聞』論説委員となる。日中全面戦争期に陸軍の支援を受けて斉藤忠、西谷彌兵衛《にしたにやへえ》などとともに日本世紀社を結成した。ユダヤ陰謀説を信じて国内思想戦論を鼓吹し、著書に『ユダヤ論攷』(旺文社、一九四四年)がある。

っている。参加者は地域の指導者、国民学校校長、国民学校教職員、翼賛《よくさん》壮年団員などの末端指導者層であった(「附属錬成所所報」『言論報国』一九四五年一月号、資7―④)。

また第三期になって実施された事業に、動員班別活動がある。これは思想戦対策委員会(「企画」の二字が消える)で最初から小さなテーマごとに分割して、経済戦の各分野や戦意昂揚・対敵宣伝などに関する九つの小委員会を設け、それぞれに専門の委員を配置する方針をとって、幹事を配して審議を進めるという試みだったと思う。しかし幹事会が開かれる場所は、陶々亭《とうとうてい》・丸《まる》の内《うち》ホテル・帝国ホテルなどで、食糧難のなかで事実上の食事会をかねた会であったようにもみえる(資7―①)。

しかし、そういった努力も束の間のことで、あらたな空襲の激化で言論報国会は窮地に追い詰められる結果となる。

徳富蘇峰の「大号令」詔書案と大串兎代夫

徳富蘇峰が日本の敗戦の可能性を実感し、これまでとは大きく異なる戦争体制の構築でこれに対抗する構想の必要を考え、「大号令」詔書《しょうしょ》案を案出したのは、おそらくサイパン陥落の直前からであろう。蘇峰はサイパン陥落の一週間前にあたる一九四四(昭和十九)年七月一日に、東条首相と会見し、絶対国防圏内のサイパン島の死守を建言し、天皇が軍事に関して親裁する「大号令」の詔書案を呈するが、東条は聞き入れなかったという(I「一四、敗戦の原因(五)」)。徹底抗戦の立場で天皇が国民に向けて「大号令」の詔書を公布し、国民の士気を鼓舞するという案は、このときに始まる。ただこのときは、戦時体制の制度改革案は、いまだ熟していなかった。

これ以降、蘇峰は、日米ともに決戦場と定めたフィリピン決戦に全力を投入せよとの主張を展開することになる(「聖戦三年の教訓と比島決戦」『毎日』一九四四年十二月八日)。ところが一九四五(昭和二十)年になると、もともとフィリピン決戦を唱えていた軍と政府が、決戦地を曖昧化し変更するなかで、蘇峰は、「日本の今日は何やら嘘で固めたやうな気持がする」、「ただ自分の都合のよいことのみを大声疾呼して都合の悪いことはひた隠し、それで人を欺くばかりでなく、また己を欺いている」と語るようになる。これまでの大本営《だいほんえい》発表は「嘘」

で、自分は「欺かれ」ていたという悔しさが、みなぎっている言葉である。ただし自己の責任の自覚は薄い。このような状態を招いた「責任」は全国民にあるが、「責任」には「自ずから軽重大小があることを忘れてはならない」と、もはやここでは政府と軍の敗戦責任の追及の準備がみられる(「議論はいらぬ、たゞ実行のみ」『毎日』一九四五年一月十七日)。

小磯内閣に対し、蘇峰が不信感をいだいていたことはまちがいない。蘇峰は御進講と称して天皇に改革提案を直言しようと賀陽宮《かやのみや》を通じて申し出たが、木戸内大臣からの回答は、天皇は統帥関係の内奏が多く、「進講は一時中止」しているとして、蘇峰からの申し出を断わったものであった(緒方竹虎書簡)。

このころに、徳富蘇峰は言論報国会の理事・大串兎代夫が唱える、大日本帝国憲法第三十一条・非常大権論に接したものと思われる。大串兎代夫は、東京帝国大学で上杉慎吉《うえすぎしんきち》▲の指導を受け、ドイツに留学してナチスドイツの公法学者として知られるオットー＝ケルロイターに学び、カール＝シュミットからも教えを受けた憲法学者であった。彼は大日本帝国憲法第三十一条の独自の解釈を唱えたことで知られている(大串兎代夫の非常大権論については、官田光史・宮本誉

▼上杉慎吉・美濃部達吉　大正期の初めに、東京帝国大学で憲法学を担当していた上杉慎吉と美濃部達吉のあいだで論争が行われた。論争の主題は、大日本帝国憲法第一条の「大日本帝国は万世一系の天皇之《これ》を統治す」と、同第四条「天皇は国の元首にして統治権を総攬し此《こ》の憲法の条規により之を行う」の解釈についてであった。上杉慎吉は、天皇には絶対無限の権力があると理解したのに対し、美濃部達吉は第四条を、天皇は「統治権を総攬」しているが、憲法上の国家機関である裁判所・帝国議会・国務大臣などにも部分的な統治権はあり、天皇の「総攬」する統治権は、その行使の仕方を「憲法の条規」により制約されていると解釈したのである。この論争以降、美濃部説は通説となった。

▼**大串兎代夫の非常大権論の研究**
官田光史「非常事態と帝国憲法——大串兎代夫の非常大権発動論」(『史学雑誌』一二〇編二号、二〇一一年)、宮本誉士「大串兎代夫の帝国憲法第三十一条解釈と御稜威論」(阪本是丸編『昭和前期の神道と社会』弘文堂、二〇一六年)。

士の研究▲がある)。

大日本帝国憲法第三十一条とは、憲法第二章の「臣民《しんみん》権利義務」中にあり、「本章に掲げたる条規は戦時又は国家事変の場合に於て天皇大権の施行を妨ぐることなし」という簡潔な規定である。似たような規定である第八条・帝国議会閉会時の緊急勅令権、第十四条・戒厳令が、いずれも第一章「天皇」のなかにあり、天皇大権の一部を構成しているのとは位置付けが違っていた。また第八条・第十四条と違って、この第三十一条はこれまで一回も施行されることがなかったこともあり、その解釈に定説はなかった。

ただし美濃部達吉《みのべたつきち》と佐々木惣一《ささきそういち》の解釈では、第三十一条はいずれも国家的な危機に際して、国家は第二章の「臣民権利義務」の条項に拘束されないということを、具体的には個人の私有財産権を侵害してもかまわないということを意味するものであった。それは第三十一条が第二章のなかにおかれていることに基づいていた。これに対して大串の師の上杉慎吉は、第三十一条にいう天皇大権は、けっして憲法第二章「臣民権利義務」との関係でのみ機能する大権ではなく、全体的なる国家統治の大権を意味するものと主張していた。上杉説に立つと、この第三十一条の大権は第十一条の統帥権の改変などまで含むと解釈できる。大串説は師の上杉説を発展させ、非常大権が国家的危機に際しては陸海軍の関係はもとより、「国務」と「統帥《とうすい》」▲をも統合した国防国家の建設を可能にするという、新解釈を生み出したのであった。

蘇峰はこの大串の非常大権論に依拠して、戦時国家体制を一変させるべく、陸海軍を統合し、国務と統帥を包括する新国防国家の構想を思いつくのであった。

一〇カ条の建白書と非常大権論の展開

大日本言論報国会の天皇への建白は、一九四五(昭和二十)年一月の小磯内閣時代のものと、同年五月の鈴木《すずき》貫《かん》太郎《たろう》内閣時代になってからのものと二回あった。

一九四五年一月十九日、議題を知らせずに熱海《あたみ》の徳富蘇峰別邸で緊急理事会が開かれた(資6―⑤)。参集したのは、鹿子木員信理事長、斉藤忠、井沢弘、森本忠の三常務理事、それに富塚など七理事である。理事会の場で蘇峰が提案

▼国務と統帥　大日本帝国憲法第十一条に規定された統帥権によって、陸海軍の作戦計画・用兵などは、陸軍参謀総長と海軍軍令部長の輔翼によって決定され、首相を含む国務大臣はこれに関与できない仕組みとなっていた。しかし総力戦体制下で、戦時経済統制などの国務のもつ軍事的意義は増大し、国務と統帥の矛盾を解決することが戦争遂行に必須の課題となった。

したのは、「皇国の危機眼前に迫る」に始まる以下の建言案である。そこでは今や日本の「将兵」は「外に苦戦し」、「敵勢」はもの凄い勢いで発展している。それなのに今なお、ごまかしや欺瞞ばかりを続けているようでは、われらに「神罰」がくだることはまちがいない、として以下の内容の一〇カ条(「皇国確信の十箇条」)を提言する(ここでは現代語訳した)。

一、神武《じんむ》天皇の建国と明治天皇の中興の意図をくんで、国務上での「天皇御《ご》親政《しんせい》」と統帥上での天皇「御親裁《ごしんさい》」▲を実現すること
二、国務大臣は天皇を「輔弼《ほひつ》」する重責を果たすこと
三、天皇非常大権を発動して、全国を「戦時編制」にすること
四、陸海軍を統合して一つとし、昔の兵部省《ひょうぶしょう》に復帰すること
五、軍需品《ぐんじゅひん》製作は国家管理とすること
六、敢闘有為の人物を挙用すること
七、賞罰を明らかにすること
八、青壮年が活躍できる道を開くこと
九、友人仲間による国政の私物化を厳禁すること

▼**御親政と御親裁**　御親政は国務に関し天皇が政策選択を行うことをさし、御親裁は統帥事項に関し天皇が決断することを意味するようである。ただ、これと第二項の国務大臣の輔弼との関係は、はっきりしない。一〇一ページ「輔弼と輔翼」参照。

十、あらたな政党政社の創立を禁止すること

制度改革の中心は、第一項(天皇親政・親裁)、第三項(戦時編制)、第四項(陸海軍統合)である。第一項は、天皇の文字どおりの親政・親裁を実現するもので、国民代表的な政党創立の禁圧(第十項)に対応している。第三項は、従来の府県制を廃止して本土決戦態勢を構築することを意味し、第四項は、憲法第十一条の規定を変更する陸海軍の合同にほかならない。これは大串の非常大権解釈によっていた。

常務理事・森本忠の回想によれば、理事会では「憲法はどうなる」という疑問も出されて「一座騒然」となったが、鹿子木理事長の「たとい会が解散を命ぜられようとも、会の命運を賭して上奏《じょうそう》します」という決意を聞いて、結局、字句修正のうえ政府に提出することとなったという(森本、一九六八)。ともあれ尋常ならざる決意のもとに、この建白が提案されたことがわかる。ただし、この言論報国会の建白を契機としてか、右翼の人士のあいだで建白や改革請願を行う動きが、これ以降急に増加していく。これは敗戦の現実が目前となるなかで、危機感に駆られて生じた動きといえよう。

▼易姓革命　中国ではしばしば王朝《おうちょう》交替が行われたため、この王朝交替を儒教と五行説によって説明する理論が生まれてくる。これが易姓革命論であり、易姓とは天王の姓が変わること、革命とは天命が革《あらた》まることを意味し、王に徳があり天が王を認めていることが王朝交替の理由とされる。日本の儒教《じゅきょう》では、この王朝交替を認める易姓革命論には批判があり、認められてこなかった。

なお一〇カ条の建白では、人事の刷新関連の項目が四つを占める。それは第六項(「敢闘有為の人物」の「挙用」)、第八項(「青壮年」の登用)、第九項(私的グループによる国政の私物化の禁止)などにみられ、その実現のために第七項に信賞必罰を掲げているものと思われる。この点に関しては、『言論報国』一九四五年四月号の巻頭の「主張」欄(無署名)で、「桁外れな人間出でよ」との意見が表明されている。「桁外れな人間」とはこれまで無名だが有能である人物であり、青壮年層に属し、危機に対応して「大英断を即行」し、「大号令」詔書を実践する人である。これが人事刷新ということに込められた本当のねらいであろう。

結局、一月二十日、鹿子木理事長が建白書を首相に伝達した。この建白は新聞にも掲載され、蘇峰によれば読者の反響の一〇人中九人までが「皆絶対賛成全部支持」の声だった、という(「大権発動の急務」『毎日』一九四五年二月二十一日)。他方で森本の回想によると、ある雪の晩、日比谷の陶々亭で言論報国会幹部と陸軍将校の一団の秘密の会合が開かれたという。それは天皇親政のもといっそう強力な軍政をしくための、クーデター計画の会合であった。こうした動きを察知してか、建白の上申《じょうしん》以来、言論報国会の事務所は「憲兵が入りびたり」の状態となる（森本、一九六八）。しかし大串兎代夫の非常大権論の解釈では、なんであれクーデター計画に荷担することは、易姓革命《えきせいかくめい》▲も否定する国体の伝統に反するとして、認められないところであった。

第二回建議書と戦時緊急措置法への反対

結局、言論報国会では、大日本帝国憲法第三十一条の解釈に基づいて大改革を行うという合法路線が決定される。そして他方では一九四五（昭和二十）年三月一日、日本学術研究会議第十四部（法律学・政治学部）で大串の提案によって非常大権研究委員会の設置が決まる。これは学界のレベルで大串の非常大権解釈に関する了解をえようという動きであった。ここでの審議の流れについては前述の官田の研究がある（九六ページ参照）。それによると、日本学術研究会の非常大権研究委員会では、首相やその他の国務大臣が統帥事項の決定にかかわることのできる制度を立案したという。それは天皇親臨のもとに首相・陸軍大臣・海軍大臣・参謀総長・軍令部総長・その他の国務大臣によって構成される最高国防会議を頂点におくもので、そこでは国務事項の輔弼と統帥事項の輔翼《ほよく》▲が

▼輔弼と輔翼　どちらも、天皇大権の行使を補佐するという意味で用いる。その際輔弼は、国政に関しそれぞれの国務大臣が補佐する場合に用い、輔翼は、軍の作戦用兵に関し陸軍参謀総長などが補佐する場合に用いる。ただし国務大臣の輔弼では、憲法第五十五条で国務大臣の副書のない法律・命令は法的に無効と規定されており、国務大臣の権限と責任が大きい。言論報国会の一〇カ条の建言書で、第二項の「輔弼」の重責とは、そのことをさしている。また輔弼と輔翼の一体化は、首相をはじめ国務大臣が作戦・用兵などの統帥事項に口を出せる仕組みを意味していた。

一体化する仕組みとなっていた。そしてこれを補佐する機関として内閣総理大臣を長官とする中央庁を設置するものであった。

とはいえ非常大権に関し異なる見解をいだく宮沢俊義《みやざわとしよし》▲、森山鋭一《もりやまえいいち》などは、この研究会には参加していなかった。宮沢は、この非常大権の発動によって可能なのは、私有財産権などの「臣民の権利」の「停止」までと理解しており、「新しい国家機関や法令形式が創出」できるものとは考えていなかった。

大日本言論報国会では非常大権に基づくあらたな政治組織のあり方についての建議案を審議する。その三月二十八日の言論報国会理事会では、大串の起草したと思われる原案に、島田春雄《しまだはるお》が強く反対したが、鹿子木員信理事長の「奮闘」と小野清一郎《おのせいいちろう》の反駁によって、「一挙に会議を賛成議決に誘導され」ることになったという（斉藤忠書簡②）。この可決された原案に基づいて、「天皇御親政府官制案」の策定が行われる。

そして四月二十二日には鹿子木理事長宅で小野清一郎、大串兎代夫の二人に加えて、言論報国会の「原理班」から斉藤晌、匝瑳胤次《そうさたねつぐ》、佐藤通次《さとうつうじ》、藤田徳太郎《ふじたとくたろう》が参加して検討を加え、続いて四月二十九日にも第二回会議を開催し、「大串

▼**宮沢俊義**　一八九九〜一九七六。大正・昭和期の代表的憲法学者の一人。美濃部達吉門下で東京帝大法学部教授となり、第二次世界大戦後には、ポツダム宣言の受諾によって「国体」が変更したとする「八月革命説」の主唱者となる。

君の建議文案は満場一致にて可決」されたという（斉藤忠書簡③）。その後、理事長の鹿子木の「提言」によって「至急」首相に建議書を提出することとなる。そこで五月四日午後五時から二〇分ほど、大日本言論報国会の鹿子木理事長、小野清一郎理事、斉藤忠理事の三人が首相官邸で鈴木首相に面会し、非常大権発動奏請の建議書の提出を行った（斉藤忠書簡④）。この建議書は天皇のもとまで届いたという。

結局、陸軍への働きかけは、鈴木首相への建議書提出ののちに行われた。しかし陸軍の政治部門を担当する大本営陸軍部戦争指導班からみると、臨時議会を二日間だけ開いて、これを「最終議会」とし、「全権委任法」（これが戦時緊急措置法となる）の通過を選ぶか、帝国議会を開かずに非常大権発動を選ぶかの決断を迫られることになる。このとき陸軍側が非常大権発動を最終的に「忌避」した理由は、第三十一条の解釈に通説がなく、「解釈」がゆれる恐れがあるためであった。戦争指導班にはしばしば大串や鹿子木が説得に訪れたが（軍事史学会、一九九八）、大日本言論報国会の建議案は、受け入れられなかったのである。

この結果を受けて、徳富蘇峰と大串兎代夫は『毎日新聞』紙上で政府の対応を批判している。しかし非常大権の発動のほうに優位性があることの説明では、曖昧な蘇峰の批評(「臨時議会と非常大権御発動」『毎日』一九四五年六月十七日)より、大串の論説のほうが(「非常大権の本質」上・下『毎日』一九四五年六月十八・十九日)、それを明快に説明したものであった。大串によれば、天皇大権は「法律に優越」するものであり、非常大権の発動こそ法治主義の弊害を乗りこえ、国家存亡の危急を救うことのできる方策である。それは憲法を停止せずに権限の対立を克服し、「統帥・国務」の一体化を可能とする唯一の道であり、戦時緊急措置法はこれに比べて根本問題の解決ができない「不十分」なものだというのである。

しかし、こんなことをしているうちに、空襲の影響は言論報国会の活動全般におよんでくる。財政上では、言論報国会がその基金収入として寄付金をあてにしている大手の出版社が、焼け落ちるという事態が生まれる。斉藤忠によれば近年の「出版界極度の苦境」の「影響」は大きく、「昨期来、殆ど足を棒にして冨山房、三省堂、岩波、旺文社、博文館、実業之日本社、文藝春秋社」などに言論報国会宛の「基金寄附」を要請してきたが、なかなか交渉がむずかしく、しかも「折角話を纏め得たる所も、忽《たちま》ちにして火災に遭ひ、紙を失ひ、業を停止し」、「出版界も出版配給会社も、殆ど収入皆無ともいうべき有様」で、「誠に如何《いかん》とも施《ほどこ》すべき術《すべ》も無之《これなし》」という状況であった（斉藤忠書簡③）。そして五月二十五日の最後の東京大空襲では、言論報国会事務所も火災にあい、無一物となる。これによって大日本言論報国会は、ひとまず活動休止状態となるのであった。

それでも蘇峰は、「大号令」詔書の公布に、わずかな望みをつないでいた。一九四五年七月十六日、蘇峰は鈴木首相に書簡をよせ、今や国家危急のとき、敗戦思想は各層に滲透し、ただ対策としては唯一天皇がみずから「大号令」を渙発することしかないと述べている。天皇の「大号令」によって、この最悪の状況が一転し、「一君万民」の即時実現が果たされるとしたのである（I「九、自ら吾が愚に驚く（二）」）。しかしこの時期、たとえ「大号令」詔書が「渙発」されたとしても、期待する絶大な効果があったかどうかは疑問であるが、これが戦時下での徳富蘇峰の政府への働きかけの最後となったのである。

蘇峰の戦後と言論報国会の位置

社団法人大日本言論報国会は、一九四五（昭和二十）年八月十五日に解散認可の申請を会長から提出され、八月二十一日に情報局総裁より社団法人の解散申請が認められているが、その後になって四六（同二十一）年一月四日、GHQ民政局が指名した軍国主義・超国家主義団体二七団体の一つとして、その解散命令により解散している。この団体解散令に該当した団体の幹部は、同日に公《こう》職《しょく》追放《ついほう》されたのであった。

徳富蘇峰は、敗戦直後の八月十五日当日、まず毎日新聞社の「社賓《しゃひん》」の地位を辞退した。これは毎日新聞社側から辞職を迫られる前に、自発的にやめようと考えたからであった。また同日に、言論報国会と文学報国会の会長の辞表を提出する(Ⅰ「二、陛下の玉音《ぎょくおん》を拝聴して」ほか)。そして翌一九四六年に公職追放後の二月には、貴族院《きぞくいん》議員を辞職するとともに、すべての「位記勲章」、すなわち正五位・勲二等旭日重光章・文化勲章・帝国学士院会員・帝国芸術院会員などを辞している(Ⅱ「九一、貴族院議員を辞し、位記勲章も返上」)。また蘇峰は、「予は決して他を咎《とが》むるではない。唯だ自ら不明を愧《は》ずるのみである」と述べている(Ⅰ「二〇、敗戦の原因(一)」)。

しかし他方で『徳富蘇峰終戦後日記』のなかでは、陸海軍と皇室と国民の三者への失望と怒りを禁じえないでいる。かつて蘇峰が信頼をよせていた軍が、その上下の階層とも「腐敗、無能、且つ無責任」であったことは、想像以上であった(Ⅰ「六七、国民は軍を買い被る」)。しかも敗戦の責任は「戦争の外に超然として」いた昭和天皇にあり、敵はこの天皇の「平和主義に付け込」んで無条件降伏に持ち込んだのであった(Ⅰ「一六、敗戦の原因(七)」)。そして国民はといえば、「八月十五日以来の現状を見れば、全く日本人には愛想が尽きている」、「日本人を辞職したいような気持もする」、「およそ人間の持っているあらゆる醜態」をさらけだしているのが今の日本人であり、「これ程迄に日本人が、堕落していたか」と思うといっている(I「六四、日本人たるを恥じる」)。だが、その失望と落胆にもかかわらず、蘇峰の戦後の発言からすると、アジア太平洋戦争を正義の戦争と考えた蘇峰のスタンスは、基本的には変化しなかったようである。ただし蘇峰のような戦時下の象徴的なイデオローグに対する世論の風当りは強く、自宅には「ケダモノ」「腹を切れ」などの投書があった。

蘇峰から東京裁判の法廷に提出された「宣誓供述書」(却下された。小堀、一九九五)によれば、本来「日本国民は、平和を愛好する点に於ては、世界の何れの民族または国民に劣らない」のであって、むしろ逆に「世界より侵略せらるる事を最も怖れ」ていたという。ただし蘇峰は「山県《やまがた》(有朋《ありとも》)元帥《げんすい》」は「軍国主義者ではなかった」というのだから、日本国民の平和愛好の念もあやしくなる。そして「軍閥《ぐんばつ》▲」というのも、存在しなかったという。それでいながら敗戦にいたるまでの責任は、「日本国民全部が負ふべきものである」。しかし、もし国民全員に責任があるというなら、戦争末期に蘇峰自身が語っていたように、その責任には軽い重いがあるだろう。蘇峰はかつてはみずから誇っていた、戦争拡大論で世間を引っ張ったイデオローグとしての役割と責任を、戦後になって否定してい

▼**軍閥**　軍閥とは、陸海軍内部につくられた私的な人脈やグループを意味し、陸軍はもともと山県有朋を頂点とする長州《ちょうしゅう》閥が支配していた。これに対し、昭和の軍閥は反長州閥でできており、総力戦体制論を掲げる統制《とうせい》派も、日本精神論が強い皇道《こうどう》派も、反長州閥であった。

るようにみえる。その点で戦争末期の清沢洌《きよさわきよし》の論説（本書二〇ページ参照）は、よくこの点を見通していた。

とはいえ戦後の蘇峰の考えに、大きく改まっている点が一点だけある。それは戦前の「日本人は、支那《しな》人（中国人のこと）を砂の如き民族と、考えていた」。この「砂の如き民族」とは、利己主義的で、民族的な団結心の稀薄な民族の意味であり、日本人が中国人を蔑視する根拠となっていた。しかし日本は侵略によって逆に「砂である支那人に向かつて、セメントたる役目を務め」、民族主義的な団結をつくりだし、ナショナリズムの高まりをもたらしたというのである。ここにみられるのは、日本の軍事行動によって生じた中国の巨大な変化に対する、これまでの認識からの転換であろう。もし、この観点が戦後日本の国際構想にいかされていたら、蘇峰はあらたな思想的境地に到達したかもしれない。だが、この転換が思想的変化を生み出すには、蘇峰は年齢をとりすぎていたのかもしれない。

前述のように大日本言論報国会は、文化統制団体としては唯一といってもよいが、その理事全員が戦争責任を追及された団体であった。こうしたGHQの措置の背景には、日本の多くの知識人から言論報国会が怖れられ憎まれたという事情があり、それがＧＨＱに伝えられたためかもしれない。実際に言論報国会は、政府・権力からの強力な統制と庇護を受けた団体であり、総合雑誌や新聞界などにおいて、一時はわが世の春を誇って権勢をたくましくしていたからである。その国内思想戦は、日本主義以外のあらゆる思想を敵視・排撃して、アメリカ的な大衆文化や白米食の習慣をも糾弾し、思想表現の自由を極度に圧迫し、一部国民を非国民扱いするものであった。

この時期に言論報国会の会員で、のしあがった評論家のなかには、時流への便乗主義者も数多く含まれていた。しかし言論報国会のなかには、これとは別に日本の近代文明批判の視点から、近代日本の知識人の問題を再考察する人たちもいた。そして彼らには、戦後思想につながる創造的な発想がみられるときもあったのである。

戦争末期の「言論暢達」政策の出現とともに、言論報国会は政府に改革案・建白書を提起し、徹底抗戦の立場から政府に献言する団体へと転換する。それは他の集団からの改革の建白・請願の先駆けとなった。しかし言論報国会は、現今の「指導階級」を敵視する点で政府にとっては鬼っ子の圧力団体にほかならず、政府の手にあまる存在であった。陰謀史観に基づいて知識人攻撃を仕かけた言論報国会は、権力からも離れ、出版・新聞などのマス・メディアと多くの知識人からも孤立した極右団体として、その幕を閉じることになる。

杉靖三郎『科学と伝統』培風館, 1942年
杉靖三郎「『科学する心』談義」『科学のふるさと』世界文化協会, 1946年
同志社事業部編「我等の同志社」『同志社創立六十周年記念誌』同志社事業部, 1935年
富塚清『科学日本の建設』文藝春秋, 1940年
富塚清『生活の科学化』東和出版, 1941年
中尾裕次, 前掲①参照
野村重臣『同志社大学を去るに臨みて』私家版, 1936年
野村重臣「跋」『近代日本政治社会思想史大系』国民評論社, 1941年
野村重臣『思想戦と言論報国会』昭和書房, 1943年
野村重臣「西洋文明と東洋化」大日本言論報国会編『思想戦大学講座』時代社, 1944年
林信雄『同志社紛争史の一齣』宮崎書店, 1938年
村井藤十郎『日本法律学』高陽書院, 1940年
④—運動の展開
市川房枝「皇国の家と主婦」『世界観の戦ひ』同盟通信社, 1943年
伊藤隆編「現情勢下に於ける国政運営要綱案(第三案)」『東條内閣総理大臣機密記録』東京大学出版会, 1990年
大日本言論報国会編『大東亜共同宣言』社団法人同盟通信社, 1943年
東肥航空株式会社編『東肥航空血盟録』東肥航空, 1943年
長島修ほか編『戦時日本経済の研究』晃洋書房, 1992年
村岡花子「結婚と健康を語る」『生活科学』1942年11月号
森本忠『僕の詩と真実』日本談義社, 1968年
山領健二『転向の時代と知識人』三一書房, 1978年
⑤—「言論暢達」政策と「大号令」詔書
軍事史学会編『大本営陸軍部戦争指導班機密日誌　防衛研究所図書館所蔵』上・下, 錦秋社, 1998年
小堀桂一郎編『東京裁判　日本の弁明:「却下未提出弁護側資料」抜粋』講談社, 1995年
富塚清『八十年の生涯の記録』私家版, 1975年
森本忠, 前掲④参照

●—写真所蔵・提供者一覧(敬称略, 五十音順)

朝日新聞社　p. 25, 85
国立教育政策研究所教育図書館　p. 59, 77
国立国会図書館　p. 14, 20, 34, 70
渋沢史料館　p. 68
徳富蘇峰記念館　カバー裏, 扉, p. 10, 33上, 39下, 46
日本自動車殿堂・三樹書房　p. 61
毎日新聞社　p. 16, 18, 33下, 35, 39上, 48, 78
『証言の昭和史3日中戦争　紀元は二六〇〇年』学習研究社　カバー表
『南方軍政関係史料8　ジャワ・バル』復刻版,龍渓書舎　p. 57
著者提供　p. 19, 37, 52, 54

*所蔵者不明の写真は転載書名を掲載しました。万一, 記載漏れなどお気づきの点がございましたら, ご連絡下さいますようお願いいたします。

●—参考文献

知識人の戦争責任
赤澤史朗「出版界の戦争責任問題と情報課長ドン・ブラウン」『立命館法学』2007年第6号
江藤淳『閉ざされた言語空間—占領軍の検閲と戦後日本』文藝春秋, 1989年
丸山眞男「近代日本の知識人」『丸山眞男集』第10巻, 岩波書店, 1996年

①—十五年戦争期の徳富蘇峰
有山輝雄「総動員体制とメディア」『メディア史を学ぶ人のために』世界思想社, 2004年
清沢洌, 橋川文三編集・解説『暗黒日記』復初文庫, 評論社, 1980年（「未刊論文集」中「東洋経済新報・社論」）
澤田次郎『徳富蘇峰とアメリカ』拓殖大学, 2013年
高野静子「松岡洋右」『蘇峰とその時代』中央公論社, 1988年
徳富蘇峰『昭和国民読本』東京日日新聞, 1939年
徳富蘇峰『皇国日本の大道』明治書院, 1941年
徳富蘇峰『徳富蘇峰　終戦後日記—「頑蘇夢物語」』Ⅰ〜Ⅳ, 講談社, 2006〜07年
中尾裕次「大東亜戦争宣戦詔書草稿綴」1941年（防衛省防衛研究所戦史部編『戦史研究年報』第5号, 2002年）
米原謙『徳富蘇峰』中央公論社, 2003年

②—思想戦と大日本言論報国会の結成
朝日新聞中央調査会資料部編『思想戦に関する文献目録』, 1942年
有山輝雄『情報覇権と帝国日本Ⅱ　通信技術の拡大と宣伝戦』吉川弘文館, 2013年
栗屋義純『戦争と宣伝』時代社, 1942年
池田徳真『プロパガンダ戦史』中公新書, 1981年
内川芳美編『現代誌資料(41)マスメディア統制(二)』みすず書房, 1975年
清沢洌, 前掲①参照（1942年12月21日・12月22日・12月28日）
小山栄三「思想戦と宣伝」1940年（荻野富士夫編『情報局関係極秘資料』第7巻, 2003年）
渋谷重光「『思想戦』の論理と操作性」神奈川大学人文学会『人文研究』第103号, 1989年
清水盛明「支那事変と宣伝」1940年（荻野富士夫編『情報局関係極秘資料』第7巻, 2003年）
津久井龍雄『私の昭和史』東京創元社, 1958年
内閣情報部編『思想戦展覧会図鑑』内閣情報部, 1938年
西山正夫「京都哲学は弾圧の経緯」『太平』第2巻第2号, 1946年
野村重臣『現代思想戦史論』旺文社, 1943年
山本勝市『思想国防』(教学叢書第2輯)教学局, 1938年
横溝光輝「思想戦の理論と実際」1940年（荻野富士夫編『情報局関係極秘資料』第7巻, 2003年）

③—国内思想戦のイデオローグたち
斉藤晌『日本的世界観』朝倉書店, 1943年
斉藤晌『老子』集英社, 1979年
杉靖三郎「医の学と術と『人』」『生命と科学』目黒書店, 1941年

●──大日本言論報国会関係綴　星野情報官旧蔵・現関西大学図書館所蔵

資1　第二部文芸課『昭和十七年八月以降　社団法人大日本言論報国会関係綴』①（設立経過報告），②「社団法人大東亜思想協会定款案」，③「メモ」，④「申合せ（案）」，⑤「（第一部）現代執筆家部門別索引」及び「大日本言論報国会会員名簿」，⑥「編集中堅記者錬成会要綱」，⑦「大日本言論報国会の活動発会式と米英撃滅思想戦全国講演会」，⑧「大日本言論報国会主催米英撃滅思想戦講演会並ニ研究会実施報告の件」

資2　第五部第三課『大日本言論報国会法人設立許可一件書類』①「社団法人大日本言論報国会定款」附則，②「大日本言論報国会定款」，③「履歴書」

資3　第二部文芸課『昭和十八年度　大日本言論報国会関係綴』①「役員名簿案」，②「理事会議事録」，③「大日本言論報国会創立総会挨拶」，④「思想戦大学講座開催ニ関スル件」，⑤「社団法人大日本言論報国会婦人会員氏名」，⑥「第一回婦人会員懇談会」，⑦「敵米英謀略撃催の宣言」，⑧「社団法人大日本言論報国会機関紙『言論報国』発行ノ件」

資4　社団法人大日本言論報国会『事業報告　自昭和十八年四月　至昭和十九年三月』①「会員錬成会」，②「事業報告」，③「米英謀略撃催思想戦全国講演会」，④「国民総決起大会」

資5　第二部文芸課『自昭和十八年二月　至昭和十九年三月　社団法人大日本言論報国会関係綴』①「事務局職員担任職務一覧表」，②「社団法人大日本言論報国会事業報告」，③「内外思想動向の調査」

資6　第二部第三課『昭和十九年度　社団法人大日本言論報国会関係綴』①「理事会」，②「奉勅決戦一億総追撃大演説会」，③「事務報告（11月～2月）」，④「断固報復　一億総憤激大会」，⑤「伊豆会議招請状」

資7　『大日本言論報告《ママ》会関係資料』（平塚市教育委員会と記した袋入り）①「昭和十九年度事業報告」，②「昭和十九年度事業報告」中「機関誌『言論報国』ノ活動」，③「大阪支部の活動」，④「昭和十九年度事業報告」中「地方錬成会活動状況」

資8　『課長　言論』

資9　『昭和二十年度　歳入歳出予算書』

＊以上は1988年現在の分類で，関西大学図書館での分類とは一部異なっている。

●──**書簡**　徳富蘇峰記念館（神奈川県二宮町）所蔵書簡

緒方竹虎書簡　緒方竹虎から徳富蘇峰へ　1944（昭和19）年11月9日
斉藤忠書簡①　斉藤忠から徳富蘇峰へ　1944年6月21日
斉藤忠書簡②　斉藤忠から徳富蘇峰へ　1945年（昭和20）3月28日
斉藤忠書簡③　斉藤忠から徳富蘇峰へ　1945年4月3日（30日の誤りか）
斉藤忠書簡④　斉藤忠から徳富蘇峰へ　1945年5月4日

日本史リブレット98

徳富蘇峰《とくとみそほう》と大日本言論報国会《だいにほんげんろんほうこくかい》

2017年4月20日　1版1刷　印刷
2017年4月25日　1版1刷　発行

著者：赤澤史朗《あかざわしろう》

発行者：野澤伸平

発行所：株式会社 山川出版社

〒101−0047　東京都千代田区内神田1−13−13
電話 03(3293)8131(営業)
03(3293)8135(編集)
https://www.yamakawa.co.jp/
振替 00120-9-43993

印刷所：明和印刷株式会社

製本所：株式会社 ブロケード

装幀：菊地信義

Printed in Japan ISBN 978-4-634-54710-0

日本史リブレット　第Ⅱ期［全33巻］

〈白ヌキ数字は既刊〉

第Ⅰ期［全68巻］

〈すべて既刊〉